GOURMET BURGER
아메리칸 셰프의 시크릿 레시피

GOURMET BURGER
아메리칸 셰프의 시크릿 레시피

초판 1쇄 인쇄 | 2013년 7월 5일
초판 1쇄 발행 | 2013년 7월 15일

지은이 | 크리스틴 프레데릭 Kristin Frederick
사진 | 다비드 보니에 David Bonnier
옮긴이 | 김혜주

펴낸곳 | 알덴테북스
펴낸이 | 김혜주
디자인 | 임희정

등록 | 2007년 10월 4일 | 제303-2007-000037호
주소 | 서울시 성동구 옥수동 한림말길 50 105-1201
전화 | 02-539-1955
팩스 | 02-2296-2847
e-mail | aldentebooks@naver.com
책값과 ISBN은 뒤표지에 있습니다.

Burgers, les recettes du Camion qui fume
© 2012, COPYRIGHT SA, 12, villa de Lourcine-75014 Paris, France
All rights reserved

Korean Translation Copyright © 2013 by AL DENTE BOOKS
Korean edition is published by arrangement with COPYRIGHT S.A.
though Imprima Korea Agency

이 책의 한국어판 저작권은 Imprima Korea Agency를 통해 COPYRIGHT S.A.와의 독점 계약으로 알덴테 북스에 있습니다. 저작권법에 의해 한국 내에서 보호를 받는 저작물이므로 일체의 무단전재와 무단복제를 금합니다.

GOURMET BURGER
아메리칸 셰프의 시크릿 레시피

크리스턴 프레데릭 지음 | 김혜주 옮김

옮긴이의 말

만만한 버거? 맛있는 버거!

요리 학교를 다니느라 파리에 머무는 동안, 저는 법무부 소속의 공무원이었던 마리-프랑스 아주머니의 집에서 살았습니다. 파리에서 나고 자란, 그야말로 전형적인 파리지엔느였던 아주머니는 당신네 나라의 요리를 배우기 위해 이 먼 곳까지 온 것이 신통하다며 저를 많이 예뻐해 주셨습니다. 어느 날 샌드위치와 감자튀김을 사와서 먹고 있을 때였습니다. 갑자기 "울랄라~ 혜주~"하는 아주머니의 놀란 목소리가 들려왔습니다. 그리곤 부리나케 움직이시더니 제 앞에 대여섯 종류의 머스터드를 좍 펼쳐놓으시더군요. "어떻게 음식 맛도 모르는 미국 사람처럼 감자튀김을 케첩에 찍어 먹을 수 있어. 여기 이렇게 맛있는 머스터드들을 두고 말이야."

서울로 돌아오니 마침 프랑스의 알아주는 미식 브랜드인 '달로와요'가 국내에서 매장 오픈을 준비하고 있더군요. 초기에 그곳에서 저는 프랑스인 셰프와 국내 스태프들 간의 커뮤니케이션을 돕고, 달로와요 파리 본사에서 보내준 레시피와 관련 매뉴얼을 번역하는 일을 맡았습니다. 제가 우리말로 번역한 것을 넘기면 이후 투입 인원과 재료 손실률 등까지 꼼꼼히 계산되어 비로소 하나의 레시피가 완성되는 순서였는데, 이 레시피 한 장 나오기가 꽤나 힘들었던 아이템들이 있었습니다. 프랑스에서는 일반 슈퍼마켓에서도 구입할 수 있는 재료지만 국내에서는 도무지 구할 수 없었던 것들이 많았고, 겨우겨우 비슷한 것을 찾아 가져다주면 셰프의 고개는 '갸우뚱'이거나 '절레절레'가 다반사였거든요.

2012년 가을, 무심코 인터넷 서핑을 하다가 제 눈을 의심하게 만드는 기사 하나를 발견하게 되었습니다. 파리 사람들이 미국인 셰프가 만든 버거 트럭 앞에 벌써 1년 넘도록 긴 줄을 서고 있다는 것이었습니다. 프랑스 사람들이 어떤 사람들인가요. '가스트로노미(gastronomy, 미식)'라는 말을 처음 등장시킨 것도 그들이고, 그 단어를 처음 쓴 브리야 사바랭은 자국민을 가리켜 '배가 고파 먹는 사람과 맛을 음미하며 먹는 사람을 구별하는데 비상한 열의를 불태우는 유난스런 사람들'이라고까지 표현했었지요. 그만큼 음식에 관해서라면 남다른 잣대를 갖고 있는 사람들이 바로 프랑스 사람, 특히 파리지엔들 아니겠습니까. 눈으로 기사를 읽고 있는데도 쉽게 믿기지 않았습니다. 실제로 제가 경험한 프랑스 사람들은 대체로 미국, 특히 미국 음식이라면 비교할 감도 안

된다는 듯이 아래로 내려 보거나(우리 마리-프랑스 아주머니처럼), 저항(몽마르트르 언덕에 스타벅스가 오픈했을 때 어쩌다가 프랑스가 이렇게 되었냐고 핏대 세우며 성토하던 파리지엔들의 모습이란!)부터 하고 보는 경향이 유달리 강했거든요. '말이 돼? 파리지엔들이 버거를 먹겠다고 1시간이나 넘게 기다린다고? 대체 어떤 버거이길래?' 과연, 이 같은 현상을 믿지 못했던 사람은 비단 저뿐만이 아니었습니다. 르몽드를 비롯한 프랑스 주요 일간지는 물론이고 뉴욕 타임즈, 파이낸셜 타임즈 등의 언론까지 이 놀라운 현상을 전했을 뿐만 아니라 그 인기의 원인 분석에 이미 열을 올렸던 것을 확인할 수 있었습니다.

이 책은 바로 그 화제의 버거 트럭이 등장하기까지의 스토리와 그곳의 메뉴, 그리고 아직 선보이지 않은 미공개 메뉴 레시피를 담고 있습니다. 번역을 시작하기 전에는 레시피가 관심사였는데, 번역하는 내내 아니 번역을 마친 지금까지도 셰프 크리스틴의 매력에 빠져 있네요. 세계적인 요리 학교를 나와 여러 미슐랭 스타급 레스토랑에서 일한 바 있는 화려한 경력의 요리사가 제 발로 그런 곳을 박차고 나와 트럭을 몰고 거리로 나올 생각을 하다니요! 아무리 생각해도 아무나 내릴 수 있었던 결정은 아니었다고 봅니다. 바로 이런 게 미국의 도전정신인가 싶기도 했고요, 그 젊은 패기와 추진력이 부럽고 놀라울 따름이었습니다.

셰프 크리스틴은 우리에게 '만만한' 버거도 좋은 자료를 가지고 진심을 다해 차려낸다면 얼마든지 하나의 근사한 요리가 될 수 있다는 것을 확실해 보여주었습니다. 음식 좋아하는 사람으로서 진솔한 맛, 그 맛을 나누고자 하는 진정이 이렇게까지 멋지게 통했다는 사실이 참 반가웠습니다. 그러나 그런 음식에 관한 레시피를 번역하는 입장에서는(지난날 재료 때문에 고생했던 기억이 너무나 생생해서 그런지) 먼저 국내에서의 재료 확보 여부가 궁금하고 걱정이 되더군요. 다행스럽게도 몇 종류의 치즈를 제외하고는 온·오프라인 양쪽을 두루 살펴본 결과 크게 속 썩일 만한 재료가 없다는 것을 확인할 수 있었습니다. 물론 프랑스 정부로부터 원산지 증명 인증을 받은 재료들은 예외입니다. 그런 재료들은 프랑스 내에서도 쉽게 구할 수 있는 것들이 아니니까요. 아직 국내의 일반 독자들에게까지는 두루 알려지지 않았다고 판단된 재료에 대해서는 책 뒤편에 별도로 페이지를 할애하여 그 내용을 엮어두었습니다.

자, 저도 이제 부엌으로 자리를 옮겨 본격적으로 버거를 만들어봐야겠습니다. "아~", 아래위로 입을 쩍 벌려야만 베어 물 수 있을 정도로 두툼하게 만들 생각입니다. "아!", 감탄사가 절로 튀어나올 만큼 맛깔나게 만들 작정입니다. 그 맛있는 그 대에 벌써부터 침이 고입니다.

SOMMAIRE

목 차

14　DE LOS ANGELES À PARIS
로스앤젤레스에서 파리까지

40　LES BURGERS DE BŒUF
쇠고기 버거

42　Burger classique _ 클래식 버거
44　Burger barbecue _ 양파링 바비큐 소스 버거
46　Burger à la fourme d'Ambert _ 푸름 당베르 버거
48　Burger campagne _ 버거 캄파뉴
50　Burger sauce teriyaki _ 데리야키 그뤼에르 버거
52　Burger au brie de Meaux, sauce grenade _
　　석류 소스를 곁들인 브리 드 모 버거
54　Burger au chèvre et à la betterave _ 비트로 감싼 쉐브르 버거
56　Burger au roquefort et aux figues _ 무화과 로크포르 치즈 버거
58　Burger au potiron et aïoli de sauge _ 세이지 향이 나는 아이올리 호박 버거
60　Burger California _ 캘리포니아 버거
62　Burger mexicain _ 멕시칸 버거
64　Burger de printemps _ 스프링 버거
66　Burger au saint-nectaire et à la poire _ 배를 곁들인 생-넥테르 치즈 버거
68　Burger aux oignons grillés et sauce raifort _
　　서양고추냉이 소스와 그릴에 구운 양파를 곁들인 버거
70　Burger cœur de bœuf et sauce pesto _
　　토마토 페스토 소스로 맛을 낸 버펄로 모차렐라 버거
72　Burger tartiflette _ 타르티플레트 버거
74　Burger au foie gras et sauce cerise _ 체리 소스를 곁들인 푸아그라 버거
76　Burger libanais _ 러바논 버거
78　Miniburger à la truffe _ 검은 송로버섯 미니 버거
80　Burger au munster _ 묑스테르 치즈 버거
82　Burger au chili _ 칠리 버거

84   Miniburger tartare de bœuf et œufs façon bénédicte _ 쇠고기 타르타르와 메추리 수란 미니 버거
86   English muffin _ 잉글리쉬 체다 버거
88   Burger sauce satay _ 사테 소스 버거
90   Burger sauce chimichurri _ 치미추리 소스 버거

92   LES BURGERS AUX AUTRES VIANDES
돼지고기·닭고기·양고기 버거

94   Sandwich au poulet et aïoli _ 아이올리 치킨 샌드위치
96   Burger au porc braisé _ 바비큐 소스로 맛을 낸 돼지고기 버거
98   Burger à l'agneau _ 요거트 소스를 곁들인 양고기 버거
100 Sandwich aux boulettes _ 미트볼 샌드위치
102 Hot dog au boudin blanc _ 부뎅 블랑을 넣은 핫도그

104   LE BURGER VÉGÉTARIEN ET LES BURGERS AUX POISSONS
베지테리언을 위한 버거 & 피쉬 버거

106 Burger végétarien _ 현미 야채 버거
108 Sandwich au homard _ 바닷가재 샌드위치
110 Burger au saumon _ 연어 스테이크 버거

112   LES ACCOMPAGNEMENTS
곁들이는 음식

114 Frites de pommes de terre _ 감자 튀김
116 Frites de patate douce _ 고구마 튀김
118 Coleslaw _ 코울슬로
120 Frites au chili _ 칠리 콘 카르네 곁들인 감자 튀김
122 Salade de pommes de terre _ 감자 샐러드
124 Beignets d'oignon _ 양파 튀김

126	Salade d'épinards _	시금치 샐러드
128	Gratin de coquillettes _	세 가지 치즈가 들어간 마카로니 그라탱

130 LES DESSERTS
디저트

132	Cupcakes double chocolat _	더블 초콜릿 컵케이크
134	Cheesecake au chocolat blanc _	화이트 초콜릿 크림치즈 케이크
136	Tarte aux noix de pécan _	피칸 타르트
138	Cake aux carottes _	당근 케이크

140 NOTE
용어 정리

141	Celebrities & Places _	유명인사 & 장소
142	Herbes & Spices _	허브 & 향신료
146	Sauces & Dressings _	소스 & 드레싱
148	Oils & Vinegers _	오일 & 비네거
149	Dairy products & Cheeses _	유제품 & 치즈
158	Remerciments _	감사의 글

일러두기

- 인명과 지명, 요리명, 재료명 등의 표기는 원칙적으로 외래어 표기법에 따랐지만, Le Camion qui fume 만은 르 까미용 끼 퓸으로, 최대한 발음에 가깝게 표기하였다.
- 옮긴이의 보충 설명은 괄호 안에서 기울임꼴로 처리하였다.

DE LOS ANGELES À PARIS

로스앤젤레스에서 파리까지

미국 출신의 셰프 크리스틴 프레데릭은 파리 요식업계에 일대 센세이션을 일으킨 '르 까미용 끼 퓸(Le Camion qui fume, 연기 뿜는 트럭)'을 만든 장본인이다. '고품질의 음식'과 '움직이는 레스토랑'이라는 두 콘셉트가 어우러진 이 미식가를 위한 '푸드 트럭'의 등장은 프랑스에서는 처음 있는 일이었다. 르 까미용 끼 퓸은 2011년 11월 파리에 처음 모습을 드러낸 이래 지금까지 뜨거운 인기를 이어오고 있다. 이 트럭의 성공은 몇몇 숫자만 봐도 알 수 있다. 하루 판매량 최소 150개(주문을 하면 그때부터 만들기 시작하기 때문에 하루에 판매할 수 있는 버거의 수는 한정적이다. 영업시간도 오전 오후 각각 3시간, 총 6시간밖에 되지 않는다), 2시간 줄 서기(이 책이 출판된 때는 트럭 등장 10개월 후인 2012년 9월이었다. 지금은 그때보다 줄 서는 시간이 다소 줄어들긴 했지만 여전히 1시간은 각오해야 한다)는 기본, 페이스북 친구가 1만 4,000명(오픈 10개월 후인 2012년 9월 기준)에 달하고, 트위터 팔로워 수 역시 1만 명(2012년 9월 기준)이 넘는다. 더 이상 놀랄 만한 것이 무엇이겠는가? 전 세계 최고의 거리 음식들에서 영감을 얻어 만들어진 이 버거는 오늘도 변함없이 전통 방식 아래 엄선된 재료, 애정 어린 손길로 만들어지고 있다.

로스앤젤레스에서 파리까지

음식 애정, 미식 열정

요식업 계통에 종사하는 부모님(아버지는 캘리포니아와 콜로라도의 호텔 지배인이었고, 어머니는 레스토랑 매니저 교육 강사였다) 밑에서 자란 크리스틴이 음식 세계에 발을 들여놓게 된 것은 어쩌면 지극히 자연스러운 일이었을지도 모른다. 미식가이기도 했던 크리스틴의 부모님은 크리스틴이 어렸을 때부터 늘 그녀를 데리고 로스앤젤레스의 평판 좋은 레스토랑을 찾아다니며 다양한 음식 맛보는 것을 좋아하셨다. 그러한 환경은 크리스틴으로 하여금 섬세한 입맛을 갖추게 해주었고 이국적인 요리에 대한 감각을 키워주었다. 그렇게 자연스럽게 미식의 세계에 빠져들었던 크리스틴은 부모님처럼 음식과 관련된 일을 하고 싶어 했다. 하지만 뜻밖에도 어머니의 반대가 거셌다.

"요리를 하겠다고? 그렇게 힘든 것을? 공부를 해라. 나는 네가 요리보다는 다른 분야를 택했음 한다."

차마 어머니의 뜻을 거스를 수 없었던 크리스틴은 금융 쪽으로 진로를 정하긴 했으나 요리에 대한 열정을 완전히 잠재울 수는 없었다. 그녀는 학업 기간 내내 체인 형태의 캐주얼 레스토랑을 비롯하여 규모가 작은 여러 레스토랑에서 아르바이트를 하며 경험을 쌓았다. 이런 경험은 결국 크리스틴을 요리의 세계로 이끌었다. 비록 아르바이트였지만 레스토랑에서 일을 하면서 어린 시절부터 품어온 요리에 대한 열정이 결코 식지

않았음을 깨닫게 된 것이다. 결국 크리스틴은 전공을 다시금 바꾸어 요리 학교에 입학하기로 결심했다.

에콜 페란디

크리스틴은 나름 엄격한 기준을 가지고 요리 학교를 알아보았다. 아마추어 대상이 아닌 프로 요리사 양성에 충실한 학교여야 할 것, 그리고 그 학교의 명성이 국제적이어야 할 것. 이 두 가지 기준을 모두 충족하는 일본 요리 학교와 파리 6구에 있는 에콜 페란디*(Ecole Ferrandi. page 141)* 사이에서 한동안 고민하던 크리스틴은 결국 에콜 페란디를 선택하기로 했다. 프랑스의 미식과 문화를 감안했을 때 일본보다는 프랑스의 요리 학교가 더 적합할 것이라 판단했기 때문이었다. 2009년 1월, 크리스틴은 고향인 캘리포니아를 뒤로하고 파리로 향했다. 에콜 페란디의 여러 프로그램들 중에서 크리스틴이 선택한 인터내셔널 프로그램은 세계 각처에서 온 학생들로 북적였다. 실습과 이론이 철저하게 병행되는 수업은 프랑스어, 프랑스 역사, 제과, 양조학, 헝지스*(Rungis. 파리 중심부로부터 약 11km 남쪽에 위치한 유럽 최대 신선 식품 도매시장)* 시장 견학, 블랑제리*(1998년 5월부터 프랑스는 '블랑제리'라는 명칭 사용을 엄격히 규제하는 법률을 시행하고 있다. 빵 파는 곳을 통틀어 블랑제리라 부르던 예전과 달리 빵을 판매하는 장소와 반죽부터 발효, 굽기까지 빵을 만드는 장소가 동일해야 비로소 블랑제리라는 명칭을 간판에 쓸 수 있게 된 것이다. 다른 곳에서 만들어온 빵을 단지 매장에서 판매만 하는 경우라든가 외부에서 냉동 반죽을 구입, 매장에서는 단순히 빵 굽기만을 거치고 판매할 경우 블랑제리라는 명칭을 사용할 수 없다. 대신 그러한 곳은 'dépot de pains (빵가게)' 혹은 'pains sur le magasin(빵 판매함)'이란 명칭을 사용해야 한다)*, 치즈 전문점 방문 등으로 매우 알차게 구성되어 있었다. 하지만 교과 과정

크리스틴은 장-피에르 비가토(Jean-Pierre Vigato)가 이끄는, 미슐랭 가이드로부터 별 두 개를 받은 아피시우스(Apicius)에 들어가기로 결심했다. 최고급 레스토랑 아피시우스는 샹젤리제 거리에서 멀지 않은 다르투와 거리(rue d'Artois)에 위치하고 있었다.

이 완벽한 만큼 입학생의 절반 정도는 중도에 포기를 선언할 정도로 따라가기가 쉽지 않았다. 통과하기가 여간 어렵지 않다고 소문난 시험도 있었는데, 제한된 시간 내에 주어진 재료를 가지고 전채요리부터 메인요리, 디저트까지 풀코스 메뉴를 모두 자신만의 아이디어로 만들어야 하는 시험이었다. 다행히 크리스틴은 별 무리 없이 시험에 통과했고 다음 관문인 현장 실습을 앞두게 되었다. 크리스틴은 장-피에르 비가토*(Jean-Pierre Vigato. page 141)*가 이끄는, 미슐랭 가이드로부터 별 두 개를 받은 아피시우스(Apicius)에 들어가기로 결심했다. 최고급 레스토랑 아피시우스는 샹젤리제 거리에서 멀지 않은 다르투와 거리*(rue d'Artois)*에 위치하고 있었다.

별 두 개짜리 레스토랑에서 요리하다

이런 대단한 레스토랑에서 과연 잘 해낼 수 있을까. 여자, 그것도 삼십대의, 게다가 미국인이고, 여전히 프랑스어 실력은 어눌하기 짝이 없고…‥. 기실 크리스틴이 지닌 핸디캡은 한두 가지가 아니었다. 뿐만 아니라 그때까지 크리스틴은 명망 높은 레스토랑이라면 으레 가지고 있는 규칙과

도 같은, 마치 군대의 위계질서와도 같은 주방의 엄격한 조직 문화를 한 번도 겪어본 적이 없었던 것이다. 다행스럽게도 크리스틴이 초기 3개월의 실습기간을 보낸 생선 파트의 상관은 인내심뿐만 아니라 이해심도 많은 사람이었다. 크리스틴은 그로부터 도다리, 농어, 가재, 가자미 등을 손질하는 법을 전수받았고, 그의 가르침이라면 작은 것 하나도 놓치지 않기 위해 애썼다. 그 결과 크리스틴은 얼마 지나지 않아 생선요리에 자신감을 갖게 되었고, 생선 파트장이었던 직속상관으로부터 신임도 얻게 되었다. 그는 고작 실습생에 지나지 않는 크리스틴에게 생-자크 조개*(관자조개)*요리를 전적으로 맡겼을 뿐만 아니라 실습기간을 3개월 더 연장할 수 있도록 도와줄 테니 다른 파트에서도 일해보기를 권유했다. 실습기간은 6개월로 연장되었고, 현장실습까지 무사히 마친 뒤에야 풋내기 셰프 크리스틴은 갈망했던 에콜 페랑디 학위를 품에 안을 수 있었다.

그동안 크리스틴은 파리에서 인생의 반려자도 만났다. 정말이지 2009년은 크리스틴에게는 더할 나위 없이 행복한 한 해였다. 로스앤젤레스로 돌아간 크리스틴은 프랑스인 셰프가 이끄는 미슐랭 원 스타 레스토랑에서 3개월간 일한 후 결혼을 위해 다시 프랑스로 건너왔다. 하지만 곧 다시 미국으로 돌아가야 했는데, 프랑스로 떠나오기 전 미슐랭 투 스타에 빛나는 베벌리힐스의 스파고*(Spago, page 141)*로부터 같이 일하자는 제의를 받았기 때문이다.

아무리 손님이 없다 해도 하루 방문객이 최소 300명은 될 정도로 세계적인 명성과 규모를 자랑하는 스파고의 주방은 언제나 쉼 없이 돌아갔고 늘 분주했다. 노동의 강도는 과도하다 싶을 만큼 높았지만 그럼에도 불구하고 주방의 분위기는 언제나 화기애애하고 편안했다. 함께 일하는 요리사들에게 늘 친절하고 그들의 의견을 존중해주는 낙천적인 성격의 셰프 덕분이었다. 그곳에서 크리스틴은 참기 힘들 정도의 뜨거운 열기로 가득한 그릴 파트부터 소스 파트의 업무에 이르기까지 다양한 파트를 거쳐가면서 프로 요리사로서의 업무를 수행해나갔다. 고된 나날이었지만 요리에 대한 열정만큼은 맘껏 펼칠 수 있었기에 크리스틴은 더없이 행복했다. 하지만 그녀는 남편이 있는 프랑스로 돌아가기로 했다.

다시 파리로

파리에서의 생활은 다소 엉뚱하게 시작되었다. 크리스틴은 지인이 운영하는 레스토랑의 셰프 바로 아랫자리로 채용되었는데, 그 점에 대해 그곳 셰프의 불만이 이만저만이 아니었던 것이다. 그는 자신이 직접 요리사를 뽑고 싶어 했고, 결국 크리스틴은 채용된 지 일주일 만에 그곳을 떠날 수밖에 없었다. 그 일은 그녀에게 큰 충격을 주었다. 요리사로서의 직업적 회의까지 느낀 나머지 크리스틴은 요리사라는 직업을 버려야 하는 건 아닌지에 대해 심각하게 고려하게 되었다. 번민과 고뇌의 시간을 보내고 나서야 다시 마음

> 요리사로서의 직업적 회의까지 느낀 나머지 크리스틴은 요리사라는 직업을 버려야 하는 건 아닌지에 대해 심각하게 고려하게 되었다. 번민과 고뇌의 시간을 보내고 나서야 다시 마음을 다잡을 수 있었지만 예전의 상태로 되돌아갈 수는 없었다.

을 다잡을 수 있었지만 예전의 상태로 되돌아갈 수는 없었다. 크리스틴은 이제 요리를 '경영'이라는 각도에서 접근해보기로 했다.

멕시코 요리 전문 레스토랑의 셰프로 들어간 것도 그런 이유에서였다. 레스토랑의 규모는 작았지만 정성들여 메뉴를 짜고, 식재료 재고 관리는 물론 매장이 원활하게 돌아갈 수 있도록 돌보는 일 등 운영까지 감안한 모든 것들은 그녀가 처음부터 익혀야 하는 완전히 새로운 분야였다. 물론 그곳이 그녀 소유의 레스토랑은 아니었지만 크리스틴의 책임 하에 이루어지는 일들은 점점 많아졌고, 일주일에 60시간을 일해도 모자랄 만큼 업무량은 상당했다.

> 크리스틴은 내 사업을 해봐야겠다는 결심을 굳히게 되었다. 하지만 어떤 사업? 클래식한 레스토랑? 그렇다면 규모는? 작게? 크게? 마음에 썩 와 닿지 않는데……. 한참 고민에 빠져있던 어느 날 어머니로부터 연락이 왔다. '푸드 트럭'을 열어보는 것이 어떻겠냐는 것이었다.

그래, 푸드 트럭!

총괄적인 운영까지 생각해야 하는 위치에서 강도 높은 업무를 해온 지 6개월이 지날 즈음, 크리스틴은 내 사업을 해봐야겠다는 결심을 굳히게 되었다. 하지만 어떤 사업? 클래식한 레스토랑? 그렇다면 규모는? 작게? 크게? 마음에 썩 와 닿지 않는데……. 생각해야 할 것이 너무도 많았다. 한참 고민에 빠져있던 어느 날 어머니로부터 연락을 받았다. '푸드 트럭'을 열어보는 것이 어떻겠냐는 것이었다. 미국에서 푸드 트럭은 2009년 금융 위기 이후 폭발적인 붐을 일으켰던 사업 모델이었다. '그래, 프랑스라고 이 콘셉트가 안 먹히겠어?'

푸드 트럭으로 결정을 내린 크리스틴은 지인들을 만나 이 번뜩이는 아이디어에 대해 자문을 구하기 시작했다. 하지만 그들은 모두 약속이나 한 듯 한결같은 우려를 나타냈다. 프랑스인들은 거리에 서서, 그것도 손에 들고 먹어야 하는 음식을 결코 받아들이지 않을 것이라는 게 공통된 의견이었다. 프랑스인들에게는 악천후에도 걱정 없는, 한마디로 외부와 차단된 실내에서, 의자에 앉아, 포크와 나이프를 사용하며 먹을 수 있는 그런 음식이 편안함과 함께 제공되어야 한다는 것이었다. 게다가 관할 관청 또한 파리 시내 곳곳을 누비며 음식을 파는 이 '움직이는 레스토랑'에 대한 허가를 내줄 리 만무하다고도 했다. 이제껏 파리에서 그런 레스토랑을 본 적이 있는지 되물으며 바로 그것이 증거라고 했다. 오직 그녀의 남편만이 이제 파리 사람들도 그런 콘셉트를 받아들일 때가 됐다며 그녀를 독려해주었다.

그러는 사이 크리스틴은 파리 북쪽 동네에 감자 튀김만을 전문으로 판매하는 곳이 있고, 남쪽에는 피자 트럭이 있다는 소문을 듣게 되었다. 또한 파리지엔들이, 특히 여름에는 더욱 더, 너나 할 것 없이 생 마르탱 운하나 센 강변으로 몰려가 한눈에 봐도 불편하기 짝이 없어 보이는 장소에 앉아 피크닉을 즐기는 것도 목격했다. 이러한 현상들은 크리스틴에게 용기를 불어넣어주었고, 드디어 그녀는 행동을 개시했다.

크리스틴이 제일 먼저 향한 곳은 각 공서였다. 하지만 관공서에서의 업무 처리는 예상대로 그리 녹록치 않았다. 한도 없이 지체되는 시간도 그랬지만 무엇 하나 순조롭게 넘어가는 것이 없었다.
"○○○가 담당입니다. 그곳에 문의하세요."
"저쪽으로 가서 접수부터 하셔야죠."
"먼저 그곳에 전화를 해보세요."
해당 부서라고 찾아가면 이곳이 아니라는 말에 이 부서와 저 부서 사이를 수도 없이 돌아다녀야 했다. 좌절의 연속이었다. 그러던 중 어느 유능한 공무원 나리께옵서 푸드 트럭을 오픈하려면 무엇보다 이동식 사업 허가증부터 획득해야 한다는 금쪽같은 사실을 알려주었다. '뭐야, 고작 이거였던 거야?' 어찌 됐든 관공서와의 일은 끝났다. 본격적인 모험은 이제부터 시작이었다.

최상의 재료를 찾아서

프랑스 요리를 무척 좋아하는 크리스틴이었으나 그녀가 프랑스 사람들에게 판매하기로 정한 것은 다름 아닌 '버거'였다. 크리스틴이 말하는 버거는 사람들이 흔히 접하는 그런 버거가 아닌 진정한 버거. 어디에 내놓아도 부끄럽지 않은 원래의 버거, 신선한 재료를 사용하여 집에서 방금 만든 그런 버거를 의미했다. 파리에 있는 미국 레스토랑 어느 곳에서도 버거라고 말할 만한 진짜 버거를 내놓는 곳은 단 한 곳도 없었다. 크리스틴은 프랑스 사람들에게 정크 푸드의 대명사로 통하는 햄버거가 아닌 미국인들이 원래 만들어 먹었던 진정한 버거를 알려주고 싶었다. 그래서 이 안타까운 현실을 타개하고 싶었다. 크리스틴에게 버거는 맛있는 요리 중 하나이자 어린 시절을 떠올리게 하는 추억의 요리였다. 게다가 버거는 만들기도 수월하니 이동식 레스토랑의 메뉴로는 최상이었던 셈이다.

버거는 그야말로 모든 조건을 충족시키는 아이템이었다. 예를 들어 버거 캄파뉴에는 버섯, 볶은 양파 그리고 그뤼에르 달파쥐 치즈가 들어간다. 바비큐 버거는 베이컨, 튀긴 양파, 바비큐 소스가 기본이다. 푸른곰팡이 치즈가 들어가 르 블루라는 이름*(여기 레시피에서는 푸름 당베르 치즈 버거라는 이름으로 소개되었다)*의 버거에는 푸름 당베르 치즈와 포트 소스가 들어간다. 버거 오 포르 브레제*(Burger au Porc braisé 단어 뜻 그대로 적자면 '돼지고기 찜 버거' 정도가 되겠으나 번역을 하며 '바비큐 소스로 맛을 낸 돼지고기 버거'로 바꾸었다)* 는 맥주를 넣고 약불에서 서서히 익혀낸 돼지고기에 바비큐 소스를 곁들여 맛을 돋운 버거로 여기에는 적양파가 들어간 코울슬로가 더해진다. 어떤 버거를 어떻게 만들어 판매할 것인지에 대한 구상과 메뉴 선정을 끝낸 크리스틴에게 남은 일은 이제 믿을 만한 재료 공급처를 찾는 것뿐이었다.

가장 먼저 찾아나선 것은 고기 공급업자였다. 하지만 마음에 맞는 공급업자를 찾는 일은 시작부터 쉽지 않았다. 서너 명의 정육업자와 만나 협의를 해보았으나 그 누구도 일주일에 쇠고기 다짐육 50kg을 배달해주겠다고 나서는 사람이 없었다*(현재 정육 공급업자는 크리스틴에게 '하루에' 50kg씩 고기를 가져다주고 있다!)*. 그들은 푸드 트럭 사

> 파리에 있는 미국 레스토랑 어느 곳에서도 버거라고 말할 만한 진짜 버거를 내놓는 곳은 단 한 곳도 없었다. 크리스틴은 프랑스 사람들에게 정크 푸드의 대명사로 통하는 햄버거가 아닌 미국인들이 원래 만들어 먹었던 진정한 버거를 알려주고 싶었다. 그래서 이 안타까운 현실을 타개하고 싶었다.

업에 조금의 관심도 보이지 않았고, 도리어 그녀가 요구하는 조건들이 너무 까다롭다며 고개를 내저었다. 크리스틴은 하는 수 없이 그녀가 요구한 조건에 맞춘 고기가 아닌 정육업자가 그나마 공급해줄 수 있다며 건넨 고기를 맛보았다. 아쉽게도 그 고기로 만든 버거용 스테이크(패티)는 너무 퍽퍽했다.

크리스틴은 직접 쇠고기의 여러 부위들을 섞어보면서 이상적인 패티용 고기 배합을 연구했다. 그리고 여러 번의 시행착오 끝에 부드러운 육질과 훌륭한 풍미를 갖춘 패티를 완성해냈다. 결국 패티는 집에서 직접 준비하는 것으로 결론을 내렸다. 만약 독자 여러분께서 크리스틴이 만든 패티와 같은 질감의 패티를 집에서 만들고자 한다면 정육점에서 고기를 주문할 때 반드시 갈비 아래쪽 살을 달라고 하시길!

고기에 비해 치즈 문제는 비교적 간단히 해결되었다. 크리스틴은 오직 영국에서 만든 높은 고품질의 체다 치즈만을 고집했다(비닐에 포장되어 있다면 볼 것도 없이 탈락). 스위스가 원산지이고, AOC 인증을 받은 숙성된 그뤼에르 치즈는 매우 비싸다는 단점이 있긴 했지만 버섯과의 조화가 가히 환상적이어서 포기할 수 없었다.

버거빵(bun)은 공트랑 쉐리에(Gontran Cherrier, page 141)로부터 공급받고 싶었다. 일주일에 400개의 빵이 필요하다고 하자 그는 눈살을 찌푸렸다. '이건 너무해, 블랑제리마저 어떻게 이럴 수 있어!' 파리의 요식업계 동료들에게서는 도무지 열정을 찾아볼 수가 없었다. 크리스틴은 프랑스 장인들의 열의가 부족한 듯한 모습을 좀처럼 이해하기 어려웠다. 미국에서는 고객으로부터 어떠한 요청을 받으면 오히려 더 많은 것을 제안하면서 어떻게 해서든 그 요구를 해결해주려는 열의를 보이기 때문이다. 뭐, 어찌 됐든 상관없었다. 크리스틴은 파리에서 치즈 케이크를 팔아 유명

> "고기에 비해 치즈 문제는 비교적 간단히 해결되었다. 크리스틴은 오직 영국에서 만든 높은 고품질의 체다 치즈만을 고집했다. 스위스가 원산지이고, AOC 인증을 받은 숙성된 그뤼에르 치즈는 매우 비싸다는 단점이 있긴 하지만 버섯과의 조화가 가히 환상적이어서 포기할 수 없었다."

해진 같은 미국인(르 까미용 끼 퓸에 매일 신선한 버거빵과 디저트류를 공급하는 곳은 Rachel's Cakes다. 르 까미용 끼 퓸보다 1년 앞선 2008년 12월에 문을 연 이곳의 목표는 프랑스 레스토랑에 정통 레시피로 만든, 재료를 속이지 않고 만든 진짜 치즈 케이크를 공급하겠다는 것이었다. 그렇기 때문에 이곳의 치즈 케이크에는 어떠한 보존제도, 식품 첨가제도, 인공적인 향도 들어 있지 않다. 이름만 크림치즈일 뿐 온갖 화학물질을 넣어 만든 크림치즈 또한 사용하지 않는다. 일반 손님을 맞이하는 가게는 파리 근교에 있지만, 르 까미용 끼 퓸과 같은 파리 시내 레스토랑에 공급하기 위한 생산 시설은 최대한의 신선함을 위해 파리 시내에 위치하고 있다. 이곳은 고객이 원한다면 하루에 단지 1개의 빵이라도 납품을 해주겠다는 고객 제일주의를 우선으로 내세우고 있다. 치즈 케이크의 성공으로 생산하는 디저트의 종류를 늘렸고 이후 버거빵을 만들었다. 최근에는 베이글 생산을 시작했다. www.rachels.fr)을 만났고, 그녀로부터 빵을 공급해주겠다는 답을 받았다. 현재 그녀는 매일 아침 500개의 빵을 만들어 보내주고 있다.

진심은 통한다, 진정한 버거의 힘

크리스틴이 버거의 재료 공급처를 찾아 사방팔방으로 뛰어다니는 동안 IT 전문가인 남편 프레데릭은 홍보 준비에 여념이 없었다. 르 까미용 끼퓜은 사실 오픈하기 훨씬 이전부터 페이스북, 트위터와 같은 소셜 네트워크 서비스를 통해 먼저 이름을 알렸다. 덕분에 2011년 11월 29일 오픈 당일 트럭 주위에는 투철한 직업 정신과 열정으로 가득한 요리사가 만든 버거를 맛보기 위해 몰려온 사람들이 긴 줄을 이루었다. 푸드 트럭의 성공을 확신하기까지는 그리 오랜 시간이 걸리지 않았다. 버거를 맛본 사람들은 하나같이 놀라움을 금치 못했다. 특히 바비큐 버거와 신선한 감자를 가지고 딱 알맞게 튀겨낸 감자 튀김에 대한 칭찬은 끝도 없이 이어졌다. 프랑스 사람들은 그제야 비로소 정통 버거의 맛을 알게 된 것이다.
"이게 정말 햄버거란 말이에요?"
입소문의 효과는 대단했다. 버거에 관심이 있었던 사람이든 혹은 그렇지 않은 사람이든 할 것 없이 모두들 이곳 버거의 매력에 빠져들었다. 아이들과 함께 온 부부, 젊은 파리지엔들, 파리에 거주하는 미국인들을 비롯하여 각국의 다양한 인종들이 트럭의 이동경로를 따라왔다. 푸드 트럭의 메뉴들은 집에서 한 발자국 움직이는 것조차 귀찮아하는 게으름뱅이들까지도 집 밖으로 끌어낼 만큼 유혹적이었다. 각종 언론들도 푸드 트럭에 관심을 갖기 시작했다. 오픈한 지 채 두 주도 지나지 않아 푸드 트럭에 대한 열광적인 기사가 쏟아지기 시작했다. 크리스틴에게 그것은 놀라움 그 자체였다.

"제가 만든 음식의 질이 매우 높고, 제가 만든 버거가 프랑스에서는 유일할 것이라는 건 알고 있었어요. 하지만 프랑스인들이 이렇게까지 열광할 줄은 정말 몰랐습니다. 정말 놀라운 일이었어요. 저는 그저 그런 상황에 이끌려갈 수밖에 없었습니다. 이 간단한 음식으로 이렇게까지 성공할 거라고 그 누가 상상이나 할 수 있었겠어요?"
하지만 성공이 무조건 좋은 것만은 아니었다. 크리스틴과 프레덕릭은 하루에 4시간 정도밖에 눈을 붙이지 못했다. 트럭이 문을 연 이래 그들의 아침은 항상 7시에 시작되었고 새벽 1시가 다 되어서야 일을 마칠 수 있었다. 크리스틴에게는 단 하루의 휴식 시간도 주어지지 않았다. 월요일과 목요일 점심에는 영업(지금은 그렇지 않다. 변동이 잦으니 홈페이지 www.lecamionquifume.com에서 일정을 확인해야 한다. 홈페이지 첫 화면에는 일주일치 일정이 항상 올라와 있다)을 하지 않는데 크리스틴은 그때를 이용해 장을 봐야 했다.

"우리 동네에는 언제 오나요?"

현재 푸드 트럭은 점심 조와 저녁 조로 운영되고 있다. 저녁 조에 일하는 사람들이 버거를 다루는 데 좀 더 능숙하다. 그들 덕에 크리스틴과 프레데릭은 행정 업무 처리와 프라이빗 이벤트 그리

버거를 맛본 프랑스 사람들은 하나같이
놀라움을 금치 못했다. 그제야 비로소
정통 미국 음식의 맛을 알게 된 것이다.
"이게 정말 햄버거란 말이에요?"
입소문의 효과는 대단했다. 버거에
관심이 있었던 사람이든 혹은 그렇지
않은 사람이든 할 것 없이 모두들
이곳 버거의 매력에 빠져들었다.

고 푸드 트럭이 정차할 수 있는 장소를 알아보고 확보하는 일에 보다 많은 시간을 보낼 수 있게 되었다. 보통 크리스틴이 직접 여러 기관들을 방문하여 건물의 정문 앞에서 푸드 트럭 운영을 제안하지만 때때로 그 반대의 경우도 발생한다. 파리 13구의 프랑수아 미테랑 국립도서관에서 그리 멀지 않은 곳에 위치한 MK2 비블리오테크 (프랑스 시네마 그룹 MK2가 만든 멀티플렉스 영화관으로 16개의 상영관이 있다. 이곳은 이제 버거 트럭이 거의 매일 등장하는 주요 장소 중 하나가 되었다) 측에서도 먼저 크리스틴에게 푸드 트럭을 오픈해달라고 요청해왔다.

버거 트럭이 문을 연 지 9개월이 지난 후에도 르 까미용 끼 퓸에 대한 언론의 관심(2013년 5월 현재에도 여전히 많은 언론이 크리스틴의 버거 트럭과 관련한 소식을 다각도로 전하고 있다. 올 4월, 프랑스 공영방송 France5은 까미용 끼 퓸의 성공 이유를 집중적으로 파헤치는 50분짜리 다큐멘터리를 방영하기도 했다)은 계속되었다. 인터뷰를 비롯하여 각종 방송 프로그램의 촬영이 끊이지 않았던 것이다. 크리스틴은 이러한 인기와 호평에 그저 놀랄 수밖에 없었다. 지방에 살고 있는 사람들은 만약 버거 트럭이 본인들이 살고 있는 곳에 오게 된다면 그때가 언제인지 알려달라는 내용의 편지를 보내왔다.

셰프의 꿈

2012년 12월부터는 파리 시내의 구석구석은 물론 파리 근교까지 두루 섭렵할 수 있는 두 번째 트럭(지체가 되어 2013년 5월 중순에서야 두 번째 트럭이 오픈했다. 이 트럭은 첫 번째 트럭처럼 거리에 서기도 하겠지만 나날이 의뢰가 많아지는 프라이빗 파티, 기업들의 행사 쪽으로 집중 투입될 예정이라고 한다. 크리스틴은 2013년 5월말 프랑스 모 언론과의 인터뷰에서 곧 세 번째 트럭을 오픈할 것이라 밝혔다)을 가동시키

> 언론의 관심은 계속되었다. 인터뷰를 비롯하여 각종 방송 프로그램의 촬영이 끊이지 않았다. 크리스틴은 이러한 인기와 호평에 그저 놀랄 수밖에 없었다. 지방에 살고 있는 사람들은 만약 버거 트럭이 본인들이 살고 있는 곳에 오게 된다면 그때가 언제인지 알려달라는 내용의 편지를 보내왔다.

려 하고 있다. 지방에서 트럭이 운영되는 것은 좀 더 시간이 걸릴 것 같다.

버거 트럭 하나를 오픈하기 위해서는 모든 일이 체계적으로 준비되어야 함은 물론 직원을 고용하는 데에도 많은 시간이 필요하고, 이 모든 준비가 버거 트럭이 들어서는 곳의 주변 상황을 파악하고 친숙해지는 데 소요되는 시간 또한 만만치 않기 때문이다.

셰프 크리스틴에게는 꼭 이루고 싶은 꿈이 하나 있다. 바로 미국에 레스토랑을 여는 것이다. 그곳에서 그녀는 미국인들에게 지금의 프랑스 음식을 맛보여주고 싶다. 미국에서는 아직도 프랑스 음식이라고 하면 격조 있는 인테리어 장식의 레스토랑에서 온갖 격식을 차리고 먹어야 하는, 스노비즘으로 치장된 음식이라는 선입견이 존재한다. 프랑스 사람들에게 미국 정통 버거의 맛을 알리고 있는 것처럼 프랑스 음식에 대한 미국 사람들의 편견과 오해를 풀어주는 것, 편안한 마음으로 프랑스 음식을 즐길 수 있도록 하는 것, 그것이 바로 크리스틴이 꿈꾸는 또 다른 내일이다.

LES BURGERS DE BŒUF

쇠고기 버거

BURGER CLASSIQUE
클래식 버거

버거 1개용 ➜ 재료 준비 5분 ➜ 요리 시간 약 10분

버거빵 1개 · 버터 5g · 양상추 작은 것 1장
설탕 2핀치* · 쇠고기 다짐육(갈빗살) 스테이크 150g · 해바라기씨유 page 148 1큰술**
슬라이스한 숙성 체다 page 152 치즈 1장 · 마요네즈 2큰술
링썰기한 양파 2장 · 토마토 슬라이스 2장 · 얇게 저민 오이 피클 3~4장 · 소금

1. 빵을 가른다.
2. 뜨거워진 프라이팬에 버터를 녹인 후 빵을 노릇하게 굽는다.
3. 양상추는 깨끗이 씻고 물기를 말끔히 제거한 후 채썬다.
4. 스테이크 양쪽 면에 설탕과 소금을 뿌린다.
5. 뜨겁게 달군 프라이팬에 해바라기씨유를 두르고 스테이크 양면을 각각 3분씩 굽는다(만약 익힌 고기를 좋아한다면 좀 더 오랜 시간 굽는다).
6. 스테이크 굽기 종료 1분 전 체다 치즈를 스테이크 위에 얹고 프라이팬 뚜껑을 덮는다. 치즈가 스테이크 위에서 녹아 흐를 때까지 굽는다.
7. 아래쪽 빵에 마요네즈를 바르고 그 위에 양상추, 양파, 토마토, 오이 피클, 스테이크를 차례로 올린다. 나머지 빵을 덮어 마무리한다. 뜨거울 때 먹을 것.

*pinch. 엄지와 검지 끝으로 잡은 정도의 분량. 1작은술의 ⅛정도쯤 되는 소량이다.
**큰술 15ml, 1작은술 5ml

BURGER BARBECUE
양파링 바비큐 소스 버거

버거 1개용 ➔ 재료 준비 10분 ➔ 요리 시간 약 30분

양파 1개 • 버터 10g • 해바라기씨유 2큰술 • 설탕 3핀치
발사믹 비네거 조금 • 캔맥주 1개 • 튀김용 기름 page 148 • 박력분
슬라이스한 훈제 삼겹살 page 147 2장 • 버거빵 1개 • 쇠고기 다짐육(갈빗살) 스테이크 150g
슬라이스한 숙성 체다 1장 • 마요네즈 2큰술
바비큐 소스(만드는 법 page 96) • 소금 • 유산지

1. 양파는 껍질을 벗기고 가로로 두껍게 링썰기를 한다. 나머지 남은 양파는 얇게 채썬다. 프라이팬에 5g의 버터와 해바라기씨유 1큰술을 넣고 열을 가한 후 채썬 양파를 볶는다. 소금과 설탕을 각각 2핀치씩 넣어준다. 이때 양파가 노릇하게 색이 날 정도까지 볶지는 말 것. 발사믹 비네거를 넣는다. 유산지로 프라이팬을 덮고 약불에서 약 30분간 졸인다.
2. 양파가 준비될 동안 튀김옷을 준비한다. 볼에 밀가루를 가득 넣었다가 다른 볼에 다시 붓는다. 밀가루를 넣었던 볼에 맥주를 붓는다. 다시 이것을 밀가루가 담겨있는 샐러드 볼에 붓는다. 잘 섞이도록 빠르게 저어준다. 기름 온도를 175℃로 맞춘다. ①의 양파링에 튀김옷을 입힌다. 약 7분 정도 튀긴다.
3. 삼겹살을 프라이팬에서 겉이 바삭해지도록 굽는다. 다 구워지면 키친타월 위에 올려둔다.
4. 빵을 가른다.
5. 프라이팬에 버터를 녹인 후 빵을 노릇하게 굽는다.
6. 스테이크 앞뒤로 설탕과 소금을 뿌린다.
7. 뜨겁게 달군 프라이팬에 해바라기씨유를 두르고 스테이크를 앞뒤로 각각 3분씩 굽는다(만약 익힌 고기를 좋아한다면 좀 더 오랜 시간 굽는다).
8. 스테이크 굽기 종료 1분 전 체다 치즈를 스테이크 위에 얹고 프라이팬 뚜껑을 덮는다. 치즈가 녹아 흐를 때까지 굽는다.
9. 아래쪽 빵에 마요네즈를 바르고 ①의 볶은 양파, 삼겹살 1장, 스테이크, 양파링 튀김을 차례로 얹는다. 마지막으로 바비큐 소스를 뿌리고 빵을 덮어 마무리한다. 이 버거에는 양파 튀김(만드는 법 page 124)을 곁들여 내면 좋다.

BURGER À LA FOURME D'AMBERT
푸름 당베르 버거

버거 1개용 ➜ 재료 준비 5분 ➜ 요리 시간 약 30분

레드 포트 page 157 375ml • 양파 1개 • 버터 15g
해바라기씨유 3큰술 • 설탕 3핀치 • 발사믹 비네거 약간
버거빵 1개 • 쇠고기 다짐육(갈빗살) 스테이크 150g • 슬라이스한 푸름 당베르 page 154 치즈 1장
마요네즈 2큰술 • 소금

1. 프라이팬에 레드 포트 와인을 붓고 걸쭉한 시럽 상태가 될 때까지 끓인다.
2. 양파는 껍질을 벗겨 얇게 채썬다. 프라이팬에 10g의 버터와 해바라기씨유 2큰술을 넣고 열을 가한 후 양파를 볶는다. 설탕과 소금을 넣어준다. 이때 양파가 노릇해질때까지 볶아서는 안 된다. 발사믹 비네거를 넣고 유산지로 프라이팬을 덮은 후 매우 약한 불에서 약 30분간 끓인다.
3. 빵을 가른다.
4. 프라이팬에 남은 버터를 녹인 후 빵을 노릇하게 굽는다.
5. 스테이크 앞뒤로 설탕과 소금을 뿌린다.
6. 뜨겁게 달군 프라이팬에 해바라기씨유를 두르고 스테이크를 앞뒤로 각각 3분씩 굽는다(만약 익힌 고기를 좋아한다면 좀 더 오랜 시간 굽는다).
7. 스테이크 굽기 종료 1분 전 푸름 당베르 치즈를 스테이크 위에 얹고 프라이팬 뚜껑을 덮는다. 치즈가 녹을 때까지 굽는다.
8. 아래쪽 빵에 마요네즈를 바르고 볶은 양파, 스테이크를 차례로 얹고 ①의 졸인 포트 와인을 뿌린 후 남은 빵을 덮는다.

BURGER CAMPAGNE
버거 캄파뉴

버거 1개용 → 재료 준비 10분 → 요리 시간 약 30분

양파 1개 • 버터 17g • 해바라기씨유 2큰술 • 설탕 3핀치
발사믹 비네거 약간 • 양송이 버섯 큰 것 1개 • 마늘 1알
프레시 타임* 가지 1개분 • 버거빵 1개 • 쇠고기 다짐육(갈빗살) 스테이크 150g
슬라이스한 그뤼에르 달파쥐 page 149 치즈 1장
마요네즈 2큰술 • 소금

1. 양파는 얇게 채썬다. 프라이팬에 5g의 버터와 해바라기씨유 1큰술을 넣고 열을 가한 후 양파를 볶는다. 설탕과 소금을 각각 1핀치씩 넣어준다. 이때 양파가 노릇해질 때까지 볶아서는 안 된다. 발사믹 비네거를 추가한 후 유산지로 프라이팬을 덮고 약불에서 30분간 끓인다.
2. 버섯은 씻어 갓과 기둥을 분리한다. 기둥을 두껍게 편썬다.
3. 마늘은 껍질을 벗기고 짓이긴다.
4. 프라이팬에서 버터 4~5g을 녹이고 ③의 마늘, 소금 1핀치, 타임, ②의 버섯을 넣고 진한 갈색이 날 때까지 볶는다.
5. 빵을 가른다.
6. 프라이팬에 남은 버터를 녹인 후 빵을 노릇하게 굽는다.
7. 스테이크 앞뒤로 설탕과 소금을 뿌린다.
8. 뜨겁게 달군 프라이팬에 남은 해바라기씨유를 두르고 스테이크를 앞뒤로 각각 3분씩 굽는다 (만약 익힌 고기를 좋아한다면 좀 더 오랜 시간 굽는다).
9. 스테이크 굽기 종료 1분 전 그뤼에르 달파쥐 치즈를 스테이크 위에 얹고 프라이팬 뚜껑을 덮는다. 치즈가 녹아 흐를 때까지 굽는다.
10. 아래쪽 빵에 마요네즈를 바르고 그 위에 ①의 양파, 그 위에 ④의 버섯, 마지막으로 스테이크를 얹고 빵을 덮는다.

*만약 프레시 타임이 없다면 말린 타임을 ½작은술 넣을 것.

BURGER SAUCE TERIYAKI
데리야키 그뤼에르 버거

버거 1개용 ➜ 재료 준비 10분 ➜ 요리 시간 약 20분

해바라기씨유 3큰술 • 슬라이스한 파인애플 1장 • 베이컨 1장
양상추 작은 것 1장 • 버거빵 1개 • 버터 10g • 설탕 3핀치
쇠고기 다짐육(갈빗살) 스테이크 150g • 슬라이스한 그뤼에르 달파쥐 치즈 1장
마요네즈 2큰술 • 토마토 슬라이스 2장 • 소금

데리야키 소스 ➜ 간장 200ml • 미림 200ml • 설탕 4큰술

---

1 **데리야키 소스 만들기.** 냄비에 데리야키 소스용 재료를 모두 붓고 약한 불에서 계속해서 저어 주면서 걸쭉해질 때까지 끓인다.
2 그릴을 뜨겁게 달군다. 파인애플 양면에 해바라기씨유를 바른다. 파인애플의 앞뒤 모두 약간의 색이 날 때까지 굽는다.
3 그릴을 깨끗하게 닦고 그 위에서 베이컨을 재빨리 구워낸다.
4 양상추는 깨끗하게 씻고 물기를 제거한 후 채썬다.
5 빵을 가른다.
6 프라이팬에 버터를 녹인 후 빵을 노릇하게 굽는다.
7 스테이크 앞뒤로 설탕과 소금을 뿌린다.
8 뜨겁게 달군 프라이팬에 남은 해바라기씨유를 두르고 스테이크를 앞뒤로 각각 3분씩 굽는다 (만약 익힌 고기를 좋아한다면 좀 더 오랜 시간 굽는다).
9 스테이크 굽기 종료 1분 전 그뤼에르 달파쥐를 스테이크 위에 얹고 프라이팬 뚜껑을 덮는다. 치즈가 녹아 흐를 때까지 굽는다.
10 아래쪽 빵에 마요네즈를 바르고 그 위에 토마토, 채썬 양상추, 스테이크, 구운 파인애플, 베이컨을 차례로 얹는다. 마지막으로 데리야키 소스를 뿌리고 빵을 덮는다.

BURGER AU BRIE DE MEAUX, SAUCE GRENADE

석류 소스를 곁들인 브리 드 모 버거

버거 1개용 → 재료 준비 10분 → 요리 시간 약 20분

새콤달콤한 사과* 반쪽 • 루콜라 한 줌
올리브 오일 몇 방울 • 버거빵 1개 • 버터 5g
설탕 2핀치 • 쇠고기 다짐육(갈빗살) 스테이크 150g • 해바라기씨유 1 큰술
슬라이스한 브리 드 모 page 151 치즈 2장 • 마요네즈 2큰술 • 소금

석류 소스 → 석류 주스 750ml • 쇠고기 분말 ½큰술

---

1 **석류 소스 만들기.** 냄비에 석류 소스용 재료를 모두 붓고 약한 불에서 계속 저어주면서 걸쭉해질 때까지 끓인다.
2 사과는 껍질째 편썬다.
3 루콜라는 깨끗이 씻고 물기를 제거한다. 여기에 올리브 오일 몇 방울 떨어뜨리고 잘 섞어준다.
4 빵을 가른다.
5 프라이팬에 버터를 녹인 후 빵을 노릇하게 굽는다.
6 스테이크 앞뒤로 설탕과 소금을 뿌린다.
7 뜨겁게 달군 프라이팬에 해바라기씨유를 두르고 스테이크를 앞뒤로 각각 3분씩 굽는다(만약 익힌 고기를 좋아한다면 좀 더 오랜 시간 굽는다).
8 스테이크 굽기 종료 1분 전 브리 드 모를 스테이크 위에 얹고 프라이팬 뚜껑을 덮는다. 치즈가 녹아 흐를 때까지 굽는다.
9 아래쪽 빵에 마요네즈를 바르고 그 위에 루콜라, 사과를 순서대로 얹고 석류 소스를 뿌린다. 마지막으로 스테이크를 얹고 빵을 덮는다.

*원서에서 언급한 품종은 '핑크 레이디'다. 신맛과 단맛 모두 강한 사과로 호주에서 처음 개발되었고 이후 영국으로 전해졌는데 소개된 이래 지금까지 꾸준한 인기를 누리고 있다. 2012년에는 영국에서 세 번째로 많이 팔린 사과로 기록되었다. 국내에서는 아직까지 찾아보기 힘들다.

BURGER AU CHÈVRE ET À LA BETTERAVE
비트로 감싼 쉐브르* 버거

버거 1개용 ➔ 재료 준비 10분 ➔ 요리 시간 약 30분

양파 1개 • 버터 15g • 해바라기씨유 3큰술
설탕 3핀치 • 발사믹 비네거 조금 • 루콜라 한 줌
부순 헤이즐넛 조금 • 프티 빌리 치즈 page 156 100g • 익힌 비트 슬라이스한 것 2장
버거빵 1개 • 버터 10g • 쇠고기 다짐육(갈빗살) 스테이크 150g
마요네즈 2큰술 • 소금&후추 • 유산지

프렌치 드레싱 page 146 ➔ 헤이즐넛 오일 page 148 1큰술 • 셰리 비네거 page 148 1작은술
갓 짜낸 오렌지즙 ½개분 • 소금&후추

1. 양파는 얇게 채썬다. 프라이팬에 5g의 버터와 해바라기씨유 1큰술을 넣고 열을 가한 후 양파를 볶는다. 설탕과 소금을 각 1핀치씩 뿌린다. 이때 양파가 노릇해질 때까지 볶지는 말 것. 발사믹 비네거를 추가한 후 유산지로 프라이팬을 덮는다. 아주 약한 불에서 30분간 졸인다.
2. **프렌치 드레싱 만들기.** 볼에 해당 재료를 모두 넣고 고루 섞는다.
3. ②에 루콜라와 부순 헤이즐넛을 넣고 잘 섞어준다.
4. 프티 빌리 치즈를 여러번 치대어 버거빵 지름 정도로 둥글게 편다. 치즈 아래 슬라이스한 비트 1장을 깔고 소금과 후추를 뿌린다. 나머지 비트 1장은 치즈 위에 얹는다.
5. 빵을 가른다. 프라이팬에 남은 버터를 녹인 후 빵을 노릇하게 굽는다.
6. 스테이크 앞뒤로 설탕과 소금을 뿌린다.
7. 뜨겁게 달군 프라이팬에 남은 해바라기씨유를 두르고 스테이크를 앞뒤로 각각 3분씩 굽는다 (만약 익힌 고기를 좋아한다면 좀 더 오랜 시간 굽는다).
8. 아래쪽 빵에 마요네즈를 바르고 그 위에 ①의 양파, ⑦의 스테이크, ④(비트+치즈+비트), 루콜라를 차례로 얹고 빵을 덮는다.

*쉐브르는 프랑스어로 '염소젖으로 만든 치즈'를 통칭한다.

BURGER AU ROQUEFORT ET AUX FIGUES
무화과 로크포르 치즈 버거

버거 1개용 → 재료 준비 10분 → 요리 시간 약 30분

양파 1개 • 버터 15g • 해바라기씨유 3큰술 • 설탕 3핀치
발사믹 비네거 조금 • 슬라이스한 훈제 삼겹살 2장 • 작은 무화과 2개
엔다이브 page 143 2~3장 • 올리브 오일 약간 • 버거빵 1개
쇠고기 다짐육(갈빗살) 스테이크 150g
슬라이스한 로크포르 page 155 치즈 1장 • 마요네즈 2큰술 • 소금&후추 • 유산지

---

1. 양파는 얇게 채썬다. 프라이팬에 10g의 버터와 해바라기씨유 2큰술을 넣고 열을 가한 후 양파를 볶는다. 설탕과 소금 각각 1핀치씩 뿌린다. 양파가 노릇해질 때까지 볶아서는 안 된다. 발사믹 비네거를 추가한 후 유산지로 프라이팬을 덮고 약한 불에서 30분간 끓인다.
2. 삼겹살을 프라이팬에서 겉면이 바삭해지도록 굽는다. 키친타월에 올려 둔다.
3. 무화과를 반으로 자른 후 아주 가볍게 소금간을 한다. ②의 프라이팬에서 무화과의 안쪽을 몇 분간 굽는다.
4. 엔다이브는 채썬다. 올리브 오일과 후추를 조금 뿌린다.
5. 빵을 가른다. 프라이팬에 남은 버터를 녹인 후 빵을 노릇하게 굽는다.
6. 스테이크 앞뒤로 설탕과 소금을 뿌린다.
7. 뜨겁게 달군 프라이팬에 남은 해바라기씨유를 두르고 스테이크를 앞뒤로 각각 3분씩 굽는다 (만약 익힌 고기를 좋아한다면 좀 더 오랜 시간 굽는다).
8. 스테이크 굽기 종료 1분 전 로크포르 치즈를 스테이크 위에 얹고 프라이팬 뚜껑을 덮는다. 치즈가 녹아 흐를 때까지 불 위에 둔다.
9. 아래쪽 빵에 마요네즈를 바르고 그 위에 양파, 삼겹살, 스테이크를 차례로 얹는다. 그 위에 엔다이브, 무화과를 올리고 나머지 빵을 덮어 마무리한다.

BURGER AU POTIRON ET AÏOLI DE SAUGE

세이지 향이 나는 아이올리 호박 버거

버거 1개용 → 재료 준비 15분 → 요리 시간 약 15분

해바라기씨유 5큰술 • 세이지 잎 page 142 6장 • 갈은 파르메산 page 153 치즈 10g
슬라이스한 훈제 삼겹살 2장 • 설탕 3핀치
2mm 두께로 슬라이스한 호박 1장 • 해바라기씨유 2큰술
버터 8g • 마늘 1알 • 계란 노른자 1개 • 루콜라 한 줌 • 버거빵 1개
쇠고기 다짐육(갈빗살) 스테이크 150g • 마요네즈 2큰술 • 소금&후추 • 유산지

---

1. **세이지 오일 만들기.** 프라이팬에 해바라기씨유 5큰술을 두르고 뜨겁게 달군다. 세이지를 넣고 오일이 끓어오르기 시작하면 불을 끈다. 오일에 세이지 향이 배일 수 있도록 그대로 둔다. 5분 정도 지나면 세이지 잎을 꺼낸다.
2. **파르메산 칩 만들기.** 오븐을 180℃로 예열한다. 철판에 유산지를 깔고 그 위에 갈은 파르메산 치즈를 올려 약 12~15분간 굽는다.
3. 삼겹살을 프라이팬에서 겉면이 바삭해지도록 굽는다. 키친타월에 올려 둔다.
4. 호박은 앞뒤로 소금과 설탕을 가볍게 뿌린다. 프라이팬에 1큰술의 해바라기씨유와 버터 4g을 넣고 열을 가한 후 호박을 굽는다.
5. **아이올리 만들기.** 마늘은 껍질을 벗기고 으깬 후 볼에 넣는다. 계란 노른자를 넣고 거품기로 친다. 소금간을 한다. 계속 거품기로 쳐가면서 ①의 세이지 오일을 천천히 넣어준다.
6. 볼에 루콜라를 넣고 약간의 소금과 소량의 세이지 오일을 넣고 잘 섞어준다.
7. 빵을 가른다. 프라이팬에 남은 버터를 녹인 후 빵을 노릇하게 굽는다.
8. 스테이크 앞뒤로 설탕과 소금을 뿌린다.
9. 뜨겁게 달군 프라이팬에 남은 해바라기씨유를 넣고 스테이크를 앞뒤로 각각 3분씩 굽는다(만약 익힌 고기를 좋아한다면 좀 더 오랜 시간 굽는다).
10. 아래쪽 빵에 마요네즈를 바르고 루콜라를 깐다. 그 위로 스테이크, 호박, 삼겹살, 파르메산 칩을 순서대로 올린다. 칩 위에 아이올리를 뿌린 후 빵을 덮어 마무리한다.

BURGER CALIFORNIA
캘리포니아 버거

버거 1개용 → 재료 준비 10분 → 요리 시간 약 6분

버거빵 1개 • 버터 5g • 설탕 2핀치
쇠고기 다짐육(갈빗살) 스테이크 150g • 해바라기씨유 1큰술 • 슬라이스한 체다 치즈 1장
루콜라 한 줌 • 토마토 슬라이스 2장 • 슬라이스한 아보카도 몇 장
알팔파 page 143 새순 작은 한 줌 • 소금

캘리포니아 소스 → 마요네즈 3큰술 • 디종 머스터드 1큰술 • 꿀 3작은술 • ¼개분 레몬즙 • 소금

1 **캘리포니아 소스 만들기.** 볼에 마요네즈와 디종 머스터드를 넣고 섞는다. 꿀과 약간의 소금, 레몬즙을 첨가하고 모든 재료를 잘 섞어준다.
2 빵을 가른다.
3 프라이팬에 버터를 녹인 후 빵을 노릇하게 굽는다.
4 스테이크 앞뒤로 설탕과 소금을 뿌린다.
5 뜨겁게 달군 프라이팬에 해바라기씨유를 두르고 스테이크를 앞뒤로 각각 3분씩 굽는다(만약 익힌 고기를 좋아한다면 좀 더 오랜 시간 굽는다).
6 스테이크 굽기 종료 1분 전 체다 치즈를 스테이크 위에 얹고 프라이팬 뚜껑을 덮는다. 치즈가 녹아 흐를 때까지 불 위에 둔다.
7 아래쪽 빵에 ①의 소스를 바른다. 루콜라, 토마토 슬라이스, 아보카도 슬라이스, 스테이크를 차례로 얹는다. 마지막으로 알팔파 새순을 올리고 빵을 덮어 마무리한다.

BURGER MEXICAIN
멕시칸 버거

버거 1개용 ➔ 재료 준비 15분 ➔ 요리 시간 약 20분

맵지 않은 고추 작은 것 1개 • 생-모레 page 152 치즈 75g • 간 체다 치즈 50g
버거빵 1개 • 버터 5g • 설탕 2핀치
쇠고기 다짐육(갈빗살) 스테이크 150g • 해바라기씨유 1큰술 • 슬라이스한 체다 치즈 1장
마요네즈 2큰술 • 각종 어린 채소잎 한 줌 • 소금

구아카몰레 page 146 ➔ 토마토 1개 • 적양파 ½개 • 마늘 1알 • 아보카도 2개
라임즙 1개분 • 고수 3장(얇게 채썰 것) • 소금&후추

1 **구아카몰레 만들기.** 토마토는 주사위 모양으로 잘게 썬다. 적양파는 껍질을 벗기고 얇게 저민다. 마늘은 짓이긴 후 볼에 넣는다. 아보카도는 반으로 가른 후 씨를 빼내고 과육만을 마늘이 담겨 있는 볼에 넣는다. 여기에 토마토, 적양파, 라임즙을 넣고 소금과 후추로 간을 한다. 마지막으로 채썰어 놓은 고수를 넣고 모든 재료를 잘 섞는다. 냉장고에 넣어둔다.

2 그릴을 예열하고 어느 정도 뜨거워지면 고추를 굽는다. 구운 고추를 5분 정도 종이 봉투에 넣어둔다. 이후 고추를 꺼내 껍질을 벗기고 꼭지를 딴다. 고추를 조심스럽게 벌려(이때 완전히 벌리지 말 것) 씨와 흰색의 섬유질을 제거한다.

3 볼에 생-모레와 간 체다 치즈를 넣고 잘 섞은 후 ②의 고추 안에 넣는다.

4 **튀김옷 만들기**(만드는 법 page 124). ③의 고추에 튀김옷을 입혀 약 7분간 튀긴다.

5 빵을 가른다. 프라이팬에 버터를 녹인 후 빵을 노릇하게 굽는다.

6 스테이크 앞뒤로 설탕과 소금을 뿌린다.

7 뜨겁게 달군 프라이팬에 해바라기씨유를 두르고 스테이크를 앞뒤로 각각 3분씩 굽는다(만약 익힌 고기를 좋아한다면 좀 더 오랜 시간 굽는다).

8 스테이크 굽기 종료 1분 전 체다 치즈 1장을 스테이크 위에 얹고 프라이팬 뚜껑을 덮는다. 치즈가 녹아 흐를 때까지 불 위에 둔다.

9 아래쪽 빵에 마요네즈를 바르고 어린 채소를 깐다. 그 위에 스테이크, 구아카몰레, 튀긴 고추를 얹고 빵을 덮어 마무리한다.

BURGER DE PRINTEMPS
스프링 버거

버거 1개용 → 재료 준비 15분 → 요리 시간 약 60분

가로로 슬라이스한 마늘 반 통 • 양파 1개 • 버터 10g • 해바라기씨유 3큰술
설탕 3핀치 • 발사믹 비네거 조금 • 재워둔 아티초크 page 143 작은 것 2개
녹색 아스파라거스 page 143 3개 • 치아바타 빵 1개 • 소량의 올리브 오일
마요네즈 4큰술 • 쇠고기 다짐육(갈빗살) 스테이크 150g
슬라이스한 그뤼에르 치즈 1장 • 어린 채소 모둠 한 줌 • 소금&후추

1. 오븐을 180℃로 예열한다. 알루미늄 호일로 마늘 반 통을 싼 후 약 1시간 동안 굽는다.
2. 양파는 얇게 채썬다. 프라이팬에 10g의 버터와 해바라기씨유 2큰술을 넣고 열을 가한 후 여기에 양파를 볶는다. 설탕과 소금을 1핀치씩 뿌린다. 양파가 노릇해질 때까지 볶지는 말 것. 발사믹 비네거를 추가한 후 유산지로 프라이팬을 덮고 매우 약한 불에서 30분간 끓인다.
3. 아티초크를 반으로 자른다.
4. 아스파라거스는 끓는 물에 데친 후 식힌다.
5. 빵을 가른다. 그릴을 예열한다. 빵에 올리브 오일을 가볍게 발라주고 그릴에 올린다. 빵에 그릴 자국이 새겨질 때까지 굽는다.
6. 아스파라거스에 오일을 바르고 소금 간을 한다. 뜨겁게 달궈진 그릴에 올려 아스파라거스 표면에도 그릴 자국이 날 때까지 굽는다.
7. ①의 마늘을 볼에 넣고 짓이긴다. 마요네즈 2큰술을 넣고 소금·후추 간을 한 후 잘 섞는다.
8. 스테이크 앞뒤로 설탕과 소금을 뿌린다.
9. 뜨겁게 달군 프라이팬에 남은 해바라기씨유를 두르고 스테이크를 앞뒤로 각각 3분씩 굽는다 (만약 익힌 고기를 좋아한다면 좀 더 오랜 시간 굽는다).
10. 스테이크 굽기 종료 1분 전 아스파라거스를 스테이크 위에 얹고 그 위에 그뤼에르 치즈를 올린 후 프라이팬 뚜껑을 덮는다. 치즈가 녹아 흐를 때까지 굽는다.
11. 아래쪽 빵에 ⑦의 마늘 소스를 바른다. 그 위에 ②의 양파, ③의 아티초크 2개, 어린 채소들을 차례로 올린 후 스테이크를 얹고 빵을 덮어 마무리한다.

BURGER AU SAINT-NECTAIRE ET À LA POIRE
배를 곁들인 생-넥테르 치즈 버거

버거 1개용 → 재료 준비 10분 → 요리 시간 약 25분

배* 2개 • 레드 와인 500ml • 설탕 1작은술 • 펜넬 page 144 ½개
올리브 오일 1큰술 • 레몬즙 반 개분 • 버거빵 1개
버터 5g • 해바라기씨유 1큰술 • 쇠고기 다짐육(갈빗살) 스테이크 150g
마요네즈 2큰술 • 콘 샐러드 page 144 한 줌
슬라이스한 생-넥테르 page 151 1장 • 소금&후추

---

1. 배 1개는 껍질을 벗긴다. 냄비에 레드 와인, 배, 설탕 1작은술을 넣고 약한 불에서 20분간 끓인다. 배에 와인이 어느 정도 스며들면 꺼내 막대기 모양으로 두껍게 채썬다.
2. 펜넬을 가늘게 채썰어 볼에 담는다. 올리브 오일과 후추, 레몬즙을 넣고 잘 섞어준다.
3. 남아있는 배는 껍질을 벗기지 않고 ①의 배와 같은 크기로 썬다.
4. 빵을 가른다.
5. 프라이팬에 버터를 녹인 후 빵을 노릇하게 굽는다.
6. 스테이크 앞뒤로 설탕과 소금을 뿌린다.
7. 뜨겁게 달군 프라이팬에 해바라기씨유를 넣고 스테이크를 앞뒤로 각각 3분씩 굽는다(만약 익힌 고기를 좋아한다면 좀 더 오랜 시간 굽는다).
8. 아래쪽 빵에 마요네즈를 바르고 그 위에 채썬 회향과 콘 샐러드를 깔고 스테이크, 생-넥테르 치즈를 올린다. 마지막으로 ①과 ③의 배를 올리고 빵을 덮어 마무리한다.

*서양배는 우리나라 배보다 크기가 작고 껍질이 얇으며 단맛이 덜하다. 우리나라 배를 사용한다면 중간 크기 배 1개면 충분하다.

BURGER AUX OIGNONS GRILLÉS ET SAUCE RAIFORT

서양고추냉이 소스와 그릴에 구운 양파를 곁들인 버거

버거 1개용 → 재료 준비 15분 → 요리 시간 약 15분

양파 ½개 • 버터 8g • 해바라기씨유 2큰술
설탕 2핀치, 쇠고기 다짐육(갈빗살) 스테이크 150g • 슬라이스한 체다 치즈 2장
샬롯 page 142 ½개 • 채썬 당근 한 줌 • 샐러리 둥글게 자른 것 4개
쇠고기 분말 1작은술 • 버거빵 1개 • 소금&후추

홀스래디쉬 page 144 소스 → 마요네즈 1큰술 • 생크림 1큰술 • 간 홀스래디쉬 1작은술 • 소금

---

1. **홀스래디쉬 소스 만들기.** 모든 재료를 볼에 넣고 잘 섞는다.
2. 양파는 굵직굵직하게 썬다. 프라이팬에 버터 1조각과 해바라기씨유 1작은술을 넣고 뜨겁게 달군 후 양파에 소금·후추 간을 하고 갈색을 띨때까지 볶는다.
3. 스테이크 앞뒤로 설탕과 소금을 뿌린다.
4. 뜨겁게 달군 프라이팬에 해바라기씨유를 두르고 스테이크를 앞뒤로 각각 3분씩 굽는다(만약 익힌 고기를 좋아한다면 좀 더 오랜 시간 굽는다).
5. 스테이크 굽기 종료 1분 전 체다 치즈 2장을 스테이크 위에 얹고 프라이팬 뚜껑을 덮는다. 치즈가 녹아 흐를 때까지 불 위에 둔다.
6. 샬롯은 껍질을 벗기고 4조각으로 자른다. ②에서 사용한 프라이팬에 해바라기씨유 1작은술을 두르고 샬롯, 채썬 당근, 샐러리를 넣고 샬롯이 노릇해질 때까지 볶는다. 볶기 종료를 조금 앞두고 쇠고기 분말을 넣는다. 약 200ml의 물을 첨가하고 이후 반으로 줄어들 때까지 끓인다. 아주 가는 체에 받쳐 맑은 즙을 얻는다.
7. 빵을 가른다. 프라이팬에 버터를 녹인 후 빵을 노릇하게 굽는다.
8. 아래쪽 빵에 마요네즈를 바르고 ⑤의 스테이크, ②의 양파를 차례로 얹고 ⑥의 즙을 뿌린다. 혹은 이 즙을 작은 그릇에 별도로 담아 버거와 함께 내놓는다. 빵을 덮어 마무리한다.

BURGER CŒUR DE BŒUF ET SAUCE PESTO

토마토 페스토 소스로 맛을 낸 버펄로 모차렐라 버거

버거 1개용 ➔ 재료 준비 15분 ➔ 요리 시간 약 8분

버거빵 1개 • 버터 5g • 설탕 2핀치
쇠고기 다짐육(갈빗살) 스테이크 150g • 해바라기씨유 1큰술
마요네즈 2큰술 • 어린 채소 모둠 한 줌
큰 토마토* 슬라이스한 것 1장
굵게 슬라이스한 버펄로 모차렐라 치즈 page 150 • 소금

페스토 소스 ➔ 마늘 1알 • 바질 반 단 • 잣 한 줌
올리브 오일 180ml • 간 파르메산 치즈 40g • 소금 2핀치

---

1 **페스토 소스 만들기.** 믹서기에 소스용 재료를 모두 넣고 믹싱한다.
2 빵을 가른다.
3 프라이팬에 버터를 녹인 후 빵을 노릇하게 굽는다.
4 스테이크 앞뒤로 설탕과 소금을 뿌린다.
5 뜨겁게 달군 프라이팬에 해바라기씨유를 두르고 스테이크를 앞뒤로 각각 3분씩 굽는다(만약 익힌 고기를 좋아한다면 좀 더 오랜 시간 굽는다).
6 아래쪽 빵에 마요네즈를 바르고 어린 채소들을 깐다. 스테이크, 토마토 슬라이스, 슬라이스한 모차렐라 치즈를 순서대로 얹는다. 마지막으로 페스토 소스를 뿌리고 빵을 덮어 마무리한다.

---

*원서에서 언급한 토마토 품종은 '쾨르 드 비프(Cœur de Bœuf)', 영어로는 '비프스테이크 토마토(beefsteak tomato)' 혹은 '비프 토마토(beef tomato)'지만 국내에서는 찾아보기 힘들다. 생김새가 주름이 많은 황소의 심장을 닮아 이처럼 재미난 이름이 붙었다. 이 토마토는 일반 토마토보다 월등히 크지만 맛이 좋다고 소문이 자자하다.

BURGER TARTIFLETTE
타르티플레트* 버거

버거 1개용 ➜ 재료 준비 10분 ➜ 요리 시간 약 15분

라르돈** 50g • 버터 12g • 양파 ½개
버거빵 1개 • 설탕 2핀치 • 쇠고기 다짐육(갈빗살) 스테이크 150g
해바라기씨유 1큰술 • 슬라이스한 르블로숑 치즈 page 149 1장
마요네즈 2큰술 • 감자칩 몇 개 • 소금

---

1. 프라이팬에 버터 4g을 넣고 열을 가한다. 라르돈이 노릇하게 될 때까지 굽는다. 조리가 끝난 라르돈은 키친타월 위에 둔다.
2. 양파는 얇게 채썬다. 라르돈을 볶은 프라이팬에서 양파가 갈색이 될 때까지 볶는다.
3. 빵을 가른다.
4. 프라이팬에 나머지 버터를 녹인 후 빵을 노릇하게 굽는다.
5. 스테이크 앞뒤로 설탕과 소금을 뿌린다.
6. 뜨겁게 달군 프라이팬에 해바라기씨유를 넣고 스테이크를 앞뒤로 각각 3분씩 굽는다(만약 익힌 고기를 좋아한다면 좀 더 오랜 시간 굽는다).
7. 스테이크 굽기 종료 1분 전 르블로숑을 스테이크 위에 얹고 프라이팬 뚜껑을 덮는다. 치즈가 녹아 흐를 때까지 불 위에 둔다.
8. 아래쪽 빵에 마요네즈를 바르고 양파, 스테이크, 라르돈을 순서대로 올린다. 마지막으로 라르돈 위에 감자칩을 올리고 빵을 덮어 마무리한다.

*알프스 산맥이 관통하는 프랑스 사부아 지방의 대표적인 겨울철 요리. 감자, 베이컨, 이 지방 치즈인 르블로숑을 왕창 넣고 오븐에서 구워낸 요리로 감자 그라탱과 비슷하게 생겼다.
**lardon. 삼겹살 잘게 썬 것. 미처 준비하지 못했다면 베이컨으로 대체해도 좋다.

BURGER AU FOIE GRAS ET SAUCE CERISE
체리 소스를 곁들인 푸아그라 버거

버거 1개용 → 재료 준비 25분 → 요리 시간 약 20분

발사믹 비네거 1큰술 • 설탕 1큰술 • 레드 와인 150ml • 계피 막대 ½개
샬롯 ½개 • 체리 10개 • 닭육수 1큰술 • 소량의 레몬즙 • 옥수수 전분 1작은술
슬라이스한 푸아그라(냉동 푸아그라를 사용해도 좋다) page 157 1장
해바라기씨유 1큰술+조금(푸아그라 구울 때 사용) • 버거빵 1개 • 버터 5g
설탕 2핀치 • 쇠고기 다짐육(갈빗살) 스테이크 150g
마요네즈 2큰술 • 어린 채소 모듬 한 줌 • 소금&후추 • 꽃소금

1. 샬롯은 얇게 채썬다. 프라이팬에 발사믹 비네거와 설탕 1큰술을 넣고 거품이 올라오기 시작할 때까지 끓인다. 불에서 내려 레드 와인, 계피 막대, 샬롯을 넣고 다시 끓인다. 3분 정도가 지나면 계피 막대는 빼내고 약불로 조절한 후 2분간 더 끓인다.
2. 체리는 씨를 제거하고 닭육수, 레몬즙과 함께 ①에 넣는다. 약한 불에서 7~8분 더 끓인다.
3. 볼에 약간의 물을 넣고 옥수수 전분을 갠 후 이것의 1~2작은술을 ②에 넣는다(반죽이 어느 정도 되직할 수 있도록 전분의 양은 알아서 조절한다).
4. 푸아그라에 소금과 후추를 가볍게 뿌린다. 프라이팬에 해바라기씨유를 넣고 열을 가한 후 푸아그라의 양면을 각 1분씩 굽는다
5. 빵을 가른다. 프라이팬에 버터를 녹인 후 빵을 노릇하게 굽는다.
6. 스테이크 앞뒤로 설탕과 소금을 뿌린다.
7. 뜨겁게 달군 프라이팬에 해바라기씨유를 넣고 스테이크를 앞뒤로 각각 3분씩 굽는다(만약 익힌 고기를 좋아한다면 좀 더 오랜 시간 굽는다).
8. 아래쪽 빵에 마요네즈를 바르고 어린 채소들을 깐다. 스테이크, 체리, 푸아그라를 차례로 올리고 꽃소금을 살짝 뿌린다. 체리 소스를 뿌리고 빵을 덮어 마무리한다.

BURGER LIBANAIS
레바논 버거

버거 1개용 → 재료 준비 25분 → 재료 재우기 12시간 → 요리 시간 약 10분

순무 page 142 1개 • 와인 비네거 2큰술 • 설탕 1큰술+2핀치
으깬 통밀 반 줌 • 파슬리 ½단 • 민트잎 3장 • 토마토 1개
양파 ½개 • 마늘 1알 • 올리브 오일 5큰술 • 250g짜리 병아리콩(이집트콩) 통조림 1통
레몬즙 1개분 • 버거빵 1개 • 버터 5g • 쇠고기 다짐육(갈빗살) 스테이크 150g
해바라기씨유 1큰술 • 레바논 치즈 page 152 혹은 모차렐라 치즈 슬라이스한 것 1장
마요네즈 2큰술 • 콘 샐러드 반 줌 • 레드 파프리카 절임* 1장 • 소금&후추

1. 순무는 껍질을 벗기고 작은 막대 모양으로 두껍게 썬다. 볼에 와인 비네거와 설탕을 넣은 잘 섞은 후 썰어놓은 순무를 넣어 12시간 동안 재운다.
2. **타불레** page 157 **만들기.** 통밀을 물에 약 15분간 불린다. 파슬리와 민트잎은 다진다. 토마토는 잘게 주사위 모양으로 썬다. 양파와 마늘은 얇게 저민다. 불린 통밀은 물기를 제거하고 모든 재료를 볼에 담는다. 올리브 오일 3~4큰술, 소금·후추로 간하고 고루 섞는다.
3. **후무스** page 147 **만들기.** 병아리콩은 물로 헹구고 물기를 제거한 후 믹서기에 넣어 퓨레 상태를 만든다. 여기에 레몬즙, 올리브 오일 남은 것을 넣고 소금·후추로 간한 후 크림 상태가 될 때까지 다시 한 번 믹싱한다.
4. 빵을 가른다. 프라이팬에 버터를 녹인 후 빵을 노릇하게 굽는다.
5. 스테이크 앞뒤로 설탕과 소금을 뿌린다.
6. 프라이팬을 뜨겁게 달군 후 해바라기씨유를 두른다. 스테이크의 양면을 각각 3분씩 굽는다 (만약 익힌 고기를 좋아한다면 좀 더 시간을 두고 구울 것).
7. 스테이크 굽기 종료 1분 전 치즈를 스테이크 위에 얹고 프라이팬 뚜껑을 덮는다. 치즈가 녹아 흐를 때까지 불 위에 둔다.
8. 위쪽 빵에는 후무스 2큰술을 바르고 아래쪽 빵에는 마요네즈를 바른다. 마요네즈를 바른 빵 위에 콘 샐러드를 깔고, 타불레, 스테이크를 차례로 올린다. 계속해서 순무와 슬라이스한 피망 피클을 얹는다. 후무스를 바른 빵을 덮어 마무리한다.

*식료품 전문점에서 별도로 판매하고 있다. 인터넷에서 '파프리카 절임', '피망 절임'으로 검색하면 다양한 레시피가 소개되어 있는데 만들기가 매우 쉽다.

MINIBURGER À LA TRUFFE
검은 송로버섯 미니 버거

미니 버거 3개용 → 재료 준비 10분 → 요리 시간 약 40분

샬롯 4개 • 버터 10g • 해바라기씨유 2큰술
설탕 3핀치 • 닭육수 3작은술
미니 버거빵 3개 • 개당 40g 쇠고기 다짐육(갈빗살) 스테이크 3장
미니 버거빵 지름과 비슷한 크기로 슬라이스한 브리 드 모 치즈(외피 제거할 것) 3장
검은 송로버섯 page 142 슬라이스한 것 3장 • 소금 • 유산지

1 **샬롯 퓨레 만들기.** 샬롯은 얇게 채썬다. 버터와 해바라기씨유를 프라이팬에 두르고 채친 샬롯과 잘 섞어준다. 약한 불에서 7~8분간 졸인다. 소금을 약간 뿌리고 설탕 1핀치와 닭육수를 넣는다. 유산지로 프라이팬을 덮고 그대로 20분간 약한 불에서 익힌다. 때때로 저어주어야 재료가 프라이팬에 눌지 않는다. 샬롯이 어느 정도 졸여지면 가는 체를 이용해 거른다.
2 빵을 가른다.
3 프라이팬에 버터를 녹인 후 빵을 노릇하게 굽는다.
4 스테이크 앞뒤로 설탕과 소금을 뿌린다.
5 먼저 프라이팬을 뜨겁게 달군 후 남은 해바라기씨유를 두르고 스테이크의 양면을 각각 3분씩 굽는다(만약 익힌 고기를 좋아한다면 좀 더 시간을 두고 구울 것).
6 스테이크 굽기 종료 1분 전 브리 드 모 치즈를 스테이크 위에 얹고 프라이팬 뚜껑을 덮는다. 치즈가 녹아 흐를 때까지 불 위에 둔다.
7 아래쪽 빵에 샬롯 퓨레를 바른다. 그 위에 스테이크, 슬라이스한 검은 송로버섯 1장씩을 올리고 빵을 덮어 마무리한다.

BURGER AU MUNSTER
묑스테르 치즈 버거

버거 1개용 ➔ 재료 준비 10분 ➔ 요리 시간 약 15분

세벤느산 양파 page 142 1개 • 해바라기씨유 2큰술 • 버터 10g
라거 맥주 ½캔 • 슬라이스한 훈제 삼겹살* 2장
버거빵 1개 • 설탕 2핀치 • 쇠고기 다짐육(갈빗살) 스테이크 150g
슬라이스한 묑스테르 page 151 1장 • 홀그레인 머스터드 page 146 2큰술
마요네즈 2큰술 • 소금

1. 양파는 반으로 가른 후 굵은 두께로 둥글게 슬라이스(양파링)한다.
2. 프라이팬에 해바라기씨유 1큰술과 버터 5g을 넣고 열을 가한 후 양파를 넣고 5분간 볶는다. 소금 간을 한 후 맥주를 넣고 졸인다.
3. 또 다른 프라이팬에서 삼겹살의 겉면이 매우 바삭거릴 상태가 될 때까지 굽는다. 구운 후에는 키친타월 위에 둔다.
4. 빵을 가른다.
5. 프라이팬에 버터를 녹인 후 빵을 노릇하게 굽는다.
6. 스테이크 앞뒤로 설탕과 소금을 뿌린다.
7. 프라이팬을 뜨겁게 달군 후 남은 해바라기씨유를 두르고 스테이크의 양면을 각각 3분씩 굽는다(만약 익힌 고기를 좋아한다면 좀 더 시간을 두고 구울 것).
8. 스테이크 굽기 종료 1분 전 묑스테르 치즈를 스테이크 위에 얹고 프라이팬 뚜껑을 덮는다. 치즈가 녹아 흐를 때까지 불 위에 둔다.
9. 위쪽 빵에는 머스터드 2큰술을 바르고 아래쪽 빵에는 마요네즈를 바른다. 마요네즈를 바른 빵 위에 ②의 양파, 스테이크, ③의 삼겹살을 차례로 올린다. 머스터드를 바른 빵을 덮어 마무리한다.

*여건이 되지 않는다면 시중에 나와 있는 베이컨을 이용하는 것도 방법이다.

BURGER AU CHILI
칠리 버거

버거 1개용 → 재료 준비 10분 → 요리 시간 약 40분

버거빵 1개 • 버터 5g • 설탕 2핀치
쇠고기 다짐육(갈빗살) 스테이크 150g • 해바라기씨유 1큰술 • 슬라이스한 체다 치즈 1장
마요네즈 2큰술 • 상추 몇 장 • 토마토 슬라이스 2장 • 소금

칠리 콘 카르네 page 157 → 양파 1개 • 해바라기씨유 1큰술 • 레드 파프리카 ½개
쇠고기 다짐육 300g • 카옌페퍼 page 145 1핀치 • 칠리 가루 page 145 1작은술
마늘 가루 1작은술 • 쇠고기 육수 200ml • 파프리카 가루 page 145 1핀치
커민 1작은술 • 토마토 퓨레 1큰술

1 **칠리 콘 카르네 만들기**(하루 전날 준비해두면 좋다). 양파는 얇게 저민다. 레드 파프리카는 반으로 가른 후 주사위 모양으로 잘게 썬다. 프라이팬에 해바라기씨유를 두르고 뜨겁게 달군다. 양파에서 즙이 나올 때까지 볶는다. 즙이 나오면 파프리카를 넣고 약 5분간 익힌다. 강불로 조절한 후 쇠고기 다짐육을 넣고 2분간 볶는다. 카옌페퍼, 마늘 가루를 추가하여 2분 더 익힌다. 불을 약하게 줄이고 쇠고기 육수, 파프리카 가루, 커민, 토마토 퓨레를 넣고 더 이상 즙이 보이지 않을 때까지 졸인다.
2 빵을 가른다. 프라이팬에 버터를 녹인 후 빵을 노릇하게 굽는다.
3 스테이크 앞뒤로 설탕과 소금을 뿌린다.
4 프라이팬을 뜨겁게 달군 후 해바라기씨유를 넣고 스테이크의 양면을 각각 3분씩 굽는다(만약 익힌 고기를 좋아한다면 좀 더 시간을 두고 구울 것).
5 스테이크 굽기 종료 1분 전 체다 치즈를 스테이크 위에 얹고 프라이팬 뚜껑을 덮는다. 치즈가 녹아 흐를 때까지 불 위에 둔다.
6 또 다른 프라이팬에 ①을 붓고 약한 불에 올려 따끈하게 데운다.
7 아래쪽 빵에 마요네즈를 바르고 상추, 슬라이스한 토마토, 스테이크를 차례로 얹는다. 마지막으로 ①을 올린 후 빵을 덮어 마무리한다.

MINIBURGER TARTARE DE BŒUF ET ŒUFS FAÇON BÉNÉDICTE

쇠고기 타르타르와 메추리 수란 미니 버거

미니 버거 2개용 ➔ 재료 준비 15분 ➔ 요리 시간 약 30분

식빵 2장 • 버터 5g • 슬라이스한 쇠고기 안심 1장(약 90g)
메추리알 2개 • 골파(차이브) 한줄기

베어네이즈 소스 page 147 ➔ 샬롯 1개 • 타라곤 2~3줄기
식초 3큰술 • 계란 노른자 2개분 • 정제 버터 125g

---

1. **베어네이즈 소스 만들기.** 샬롯은 잘게 썬다. 타라곤은 잎을 딴다. 냄비 안에 샬롯, 타라곤 잎, 식초를 넣고 바짝 졸인다. 상온에서 식힌다. 약한 불에 냄비를 올리고 앞서 졸인 샬롯에 계란 노른자를 넣고 되직해질 때까지 힘차게 젓는다. 불에서 내려 정제 버터를 천천히 넣어주면서 계속 저어준다.
2. 작고 둥근 틀로 식빵을 찍어 동그란 식빵 2장을 만든다.
3. 프라이팬에 버터를 녹인 후 잘라낸 빵을 노릇하게 굽는다.
4. **쇠고기 타르타르 만들기.** 안심을 작은 정육면체 모양으로 잘게 썬 후 냉장 보관한다.
5. 냄비에 물을 끓인다. 끓기 시작하면 불을 약하게 조절한다.
6. **수란 만들기.** 작은 접시에 메추리알을 깬다. 접시를 ⑤의 냄비에 기울여 서서히 넣는다. 흰자 위가 굳기 시작하면 스푼을 이용해 알 모양이 되게끔 모아준다. 1분~1분30초가 지나면 알을 물에서 건진다. 건지자마자 얼음물에 넣는다.
7. 빵 중앙에 쇠고기 타르타르를 얹고 베어네이즈 소스를 뿌린다. 수란을 올린다. 그 위에 차이브를 올려 장식한다.

ENGLISH MUFFIN
잉글리쉬 체다 버거

버거 1개용 → 재료 준비 5분 → 요리 시간 10분

잉글리쉬 머핀 1개 • 버터 8g • 해바라기씨유 1½큰술 • 베이컨 1장
설탕 2핀치 • 쇠고기 다짐육(꽃빗살) 스테이크 150g • 슬라이스한 숙성 체다 치즈 1장
계란 1개 • 마요네즈 2큰술 • 토마토 슬라이스 1장 • 소금&후추

1. 머핀을 반으로 가른다.
2. 프라이팬에 버터를 녹인 후 머핀을 노릇하게 굽는다.
3. 프라이팬에 해바라기씨유 ½큰술을 넣고 달군 후 베이컨을 굽는다.
4. 스테이크 앞뒤로 설탕과 소금을 뿌린다.
5. 프라이팬을 뜨겁게 달군 후 남은 해바라기씨유를 두르고 스테이크의 양면을 각각 3분씩 굽는다(만약 익힌 고기를 좋아한다면 좀 더 시간을 두고 구울 것).
6. 스테이크 굽기 종료 1분 전 체다 치즈를 스테이크 위에 얹고 프라이팬 뚜껑을 덮는다. 치즈가 녹아 흐를 때까지 불 위에 둔다.
7. 한쪽에서 노른자를 터트리지 않은 계란 프라이를 준비한다.
8. 아래쪽 머핀에 마요네즈를 바르고 토마토 슬라이스, 스테이크, 베이컨을 차례로 올린다. 마지막으로 계란 프라이를 올리고 빵을 덮어 마무리한다. 따뜻할 때 먹을 것.

BURGER SAUCE SATAY
사테 소스 버거

버거 1개용 ➔ 재료 준비 10분 ➔ 재료 재우기 2시간 ➔ 요리 시간 10분

적양파 ½개 • 오이 ½개 • 와인 비네거 1작은술
설탕 2작은술+2핀치 • 레몬즙 ½개분
버거빵 1개 • 버터 5g • 느억-맘 page 146 1큰술 • 라임즙 ½개분
어린 채소 모둠 한 줌 • 해바라기씨유 1큰술 • 쇠고기 다짐육(갈빗살) 스테이크 150g • 소금&후추

사테 소스 page 146 ➔ 땅콩버터 100g • 간장 1큰술
코코넛우유 150ml • (적색) 카레 반죽 1작은술
생강 가루 1작은술 • 라임즙 1개분 • 설탕 1큰술 • 소금

1. 양파는 얇게 저민다. 오이는 반으로 잘라 얇은 두께로 둥글게 슬라이스한다.
2. 볼에 ①의 재료, 와인 비네거, 설탕 1작은술, 레몬즙을 모두 넣는다. 설탕과 후추로 간하고 잘 섞는다. 2시간 동안 재운다.
3. 빵을 가른다.
4. 프라이팬에 버터를 녹인 후 빵을 노릇하게 굽는다.
5. **사테 소스 만들기.** 냄비에 사테 소스에 필요한 모든 재료를 넣고 매우 약한 불에서 거품기로 잘 저어주며 설탕이 완전히 녹을 때까지 약 5분간 끓인다.
6. 볼에 느억-맘, 설탕 1작은술, 라임즙을 넣고 잘 섞는다. 여기에 어린 채소 모둠을 넣고 고루 묻힌다.
7. 스테이크 앞뒤로 설탕과 소금을 뿌린다.
8. 프라이팬을 뜨겁게 달군 후 해바라기씨유를 두르고 스테이크의 양면을 각각 3분씩 굽는다(만약 익힌 고기를 좋아한다면 좀 더 시간을 두고 구울 것).
9. 아래쪽 빵에 사테 소스를 바르고 ⑥의 채소를 깐다. 스테이크, ②의 재워둔 양파와 오이를 차례로 올린 후 빵을 덮어 마무리한다.

BURGER SAUCE CHIMICHURRI
치미추리 소스 버거

버거 1개용 → 재료 준비 15분 → 재료 재우기 12시간 → 요리 시간 8분

양파 ½개 • 마늘 1알 • 토마토 작은 것 1개 • 다진 파슬리 1작은술 • 올리브 오일 100ml
와인 비네거 5Cml • 치아바타 1개 • 버터 5g • 설탕 2핀치
쇠고기 다짐육(갈빗살) 스테이크 150g • 해바라기씨유 1큰술
슬라이스한 만체그 page 157 치즈 1장 • 마요네즈 2큰술 • 소금

치미추리 소스 page 146 → 파슬리 한 단 • 마늘 1알 • 올리브 오일 6큰술
식초 3큰술 • 라임즙 1개분 • 소금

---

1. 양파와 마늘은 껍질을 벗기고 반으로 자른다. 토마토는 반으로 가른 후 작은 주사위 모양으로 썬다. 큰 볼에 이 재료 모두와 다진 파슬리, 올리브 오일을 넣고 잘 섞는다.
2. 와인 비네거에 물 50ml를 넣고 전자레인지에서 10초간 데운다. ①의 볼에 넣는다. 가볍게 섞어준 다음 12시간 동안 재운다.
3. **치미추리 소스 만들기.** 소스용 모든 재료를 함께 믹서기에 넣고 가볍게 믹싱한다.
4. 빵을 가른다.
5. 프라이팬에서 버터를 녹이고 빵의 안쪽 면이 어느 정도 색깔이 날 때까지 굽는다.
6. 스테이크 앞뒤로 설탕과 소금을 뿌린다.
7. 먼저 프라이팬을 뜨겁게 달군 후 해바라기씨유를 두른다. 스테이크의 양면을 각각 3분씩 굽는다(만약 익힌 고기를 좋아한다면 좀 더 시간을 두고 구울 것).
8. 스테이크 굽기 종료 1분 전 만체고 치즈를 스테이크 위에 얹고 프라이팬 뚜껑을 덮는다. 치즈가 녹아 흐를 때까지 불 위에 둔다.
9. 아래쪽 빵에 마요네즈를 바르고 ②의 채소, 스테이크, 치미추리 소스를 바르고 빵을 덮어 마무리한다.

LES BURGERS
AUX AUTRES VIANDES

돼지고기 · 닭고기 · 양고기 버거

SANDWICH AU POULET ET AÏOLI
아이올리 치킨 샌드위치

샌드위치 1가용 ➔ 재료 준비 5분 ➔ 재료 재우기 1시간 ➔ 요리 시간 70분

가로로 반을 자른 마늘 반 통 • 올리브 오일 2큰술 • 로즈마리 잎 6장 • 마늘 1알
레몬즙 ¼개분 • 닭가슴살 150g • 마요네즈 2큰술 • 해바라기씨유 조금
팽 드 캄파뉴 page 157 작은 것 1개 • 시금치 몇 장
마리네이드한 건토마토* 8장 • 소금 & 후추

1. 오븐을 180℃로 예열한다.
2. 마늘 반 통을 알루미늄 호일로 싼 후 오븐에서 약 1시간 동안 굽는다.
3. 볼에 올리브 오일, 로즈마리, 4조각으로 썬 마늘, 레몬즙, 약간의 후추를 넣고 잘 섞은 후 1시간 동안 재운다.
4. 오븐에서 꺼낸 마늘은 껍질을 제거하고 압착기로 눌러 짓이긴다. 여기에 마요네즈를 첨가한 후 소금과 후추로 간하고 잘 섞어준다.
5. 그릴 자국을 낼 수 있는 프라이팬을 중불에서 약 5분간 예열한다.
6. 닭가슴살에 소금 간을 한다. 프라이팬에 해바라기씨유를 조금 두르고 닭가슴살의 양쪽면을 굽는다. 앞뒤로 대략 5분 정도 구우면 충분하다.
7. 시골빵을 가로로 자른다. 아래, 위쪽 빵에 ③의 소스 2큰술을 고루 바르고 시금치, 건토마토, ⑥의 닭가슴살을 차례로 올린 후 빵을 덮어 마무리한다.

*백화점이나 식료품 전문점에서 구입 가능하다.

BURGER AU PORC BRAISÉ
바비큐 소스로 맛을 낸 돼지고기 버거

버거 4개용 → 재료 준비 5분 → 요리 시간 2시간 30분

머스터드 3큰술 • 칠리 파우더 page 145 1큰술 • 마늘 가루 1작은술
고수 분말 1큰술 • 흑설탕 1큰술 • 돼지 어깨윗살 750g
마늘 3알 • 맥주 750ml • 버거빵 4개 • 버터 20g
마요네즈 8큰술 • 코울슬로(만드는 법 page 120) 8큰술 • 소금과 통후추

바비큐 소스 → 순한 맛 양파 1개 • 올리브 오일 1큰술 • 토마토 케첩 400ml
흑설탕 2큰술 • 토마토 퓨레 1작은술 • 꿀 1큰술
우스터 소스 1큰술 • 카옌페퍼 1작은술 • 사과주 비네거 page 148 2큰술

1. 오븐을 240℃로 예열한다.
2. 돼지고기 익히기. 볼에 머스터드, 칠리 파우더, 마늘 가루, 후추, 고수 분말, 흑설탕, 소금을 약간 넣고 잘 섞는다. 이것을 돼지고기에 고루 바른다. 오븐용 그릇에 돼지고기를 깐다. 오븐에 넣고 돼지고기 표면이 바삭거릴 정도까지 굽는다(대략 10분 정도 소요).
3. 오븐 온도를 160℃로 내린다. 마늘 3알은 껍질을 벗긴 후 짓이긴다. 돼지고기 그릇에 마늘을 넣고 고기의 반 정도가 덮이는 높이까지 맥주를 붓는다. 다시 오븐에 넣어 2시간 동안 익힌다. 수시로 여전히 즙이 남아 있는지 확인할 것. 필요할 경우 물을 조금 첨가해도 좋다. 굽는 동안 생긴 즙은 버리지 말고 보관한다. 고기는 결대로 찢는다.
4. **바비큐 소스 만들기.** 양파는 잘게 다진다. 프라이팬에 올리브 오일을 두르고 열을 가한 후 양파를 볶는다. 여기에 바비큐 소스에 필요한 모든 재료를 넣고 잘 섞어준 후 약불에서 약 20분 동안 끓인다. 다 끓인 소스는 상온에서 어느 정도 식힌 후 냉장고에 넣어 보관한다.
5. 볼에 바비큐 소스와 ③의 즙 100ml을 넣는다. 잘 섞은 후 결대로 찢어놓은 돼지고기에 고루 묻힌다. 뜨거운 상태로 보관한다.
6. 빵을 가른다. 프라이팬에 버터를 녹이고 빵의 안쪽 면이 어느 정도 색깔이 날 때까지 굽는다.
7. 아래, 위쪽 빵에 각각 2큰술의 마요네즈를 바른다. 아래쪽 빵 위에 ⑤의 돼지고기, 코울슬로를 올리고 빵을 덮어 마무리한다.

BURGER À L'AGNEAU
요거트 소스를 곁들인 양고기 버거

버거 1개용 → 재료 준비 10분 → 요리 시간 3시간 10분

체리 토마토 20개 • 양파 ½개 • 흑설탕 1큰술 • 커민 가루 ½작은술
레몬즙 1개분 • 사과주 비네거 1작은술 • 그리스 요거트 page 149 1개
홀그레인 머스터드 1작은술 • 양고기 다짐육(어깨살) 스테이크 150g
해바라기씨유 소량 • 팽 드 캄파뉴 작은 것 1개 • 어린 채소 도둠 약간 • 소금&후추

1 **토마토 퓨레 만들기.** 체리 토마토는 4등분하고 양파는 얇게 저민다. 흑설탕, 소금 1핀치, 커민 가루, 레몬즙 ½개분, 사과주 비네거를 모두 냄비에 넣고 약한 불에서 약 3시간 동안 끓인다.
2 **요거트 소스 만들기.** 요거트를 볼에 담고 남은 레몬즙을 넣는다. 소금 1핀치과 홀그레인 머스터드를 첨가한 후 잘 섞는다.
3 스테이크 표면에 약간의 해바라기씨유를 바르고 소금과 후추를 살살 뿌려 간한다.
4 그릴(그릴 자국이 있는 프라이팬도 좋다)을 예열한다. 스테이크를 앞뒤로 각 5분씩 굽는다.
5 빵을 가로 방향으로 반으로 자른다.
6 아래쪽 빵에 토마토 퓨레 2큰술을 바르고 어린 채소들을 깐다. 그 위에 양고기 스테이크를 올리고 요거트 소스를 바른다. 빵을 덮어 마무리한다.

SANDWICH AUX BOULETTES
미트볼 샌드위치

샌드위치 1개용 ➔ 재료 준비 10분 ➔ 요리 시간 2시간 15분

양파 ½개 • 마늘 2알 • 올리브 오일 1큰술 • 껍질 벗긴 홀토마토 통조림 1개
설탕 1작은술 • 다진 바질 6잎분 • 잣 50g
파슬리 ½단 • 식빵 2장 • 돼지고기 다짐육 150g
쇠고기 다짐육 150g • 간 파르메산 치즈 2큰술 • 계란 1개 • 밀가루 1큰술
바게트 ½개 • 부드러운 버터 10g • 간 모차렐라 치즈(피자 치즈) 50g
해바라기씨유 2큰술 • 소금과 통후추

---

1 **토마토 소스 만들기.** 양파는 얇게 저민다. 마늘 1개도 껍질을 벗기고 다진다. 냄비에 올리브 오일을 넣고 열을 가한다. 어느 정도 뜨거워지면 양파와 마늘, 홀토마토, 소금 1핀치, 약간의 설탕과 후추, 바질 다진 것을 모두 넣고 약한 불에서 1시간 동안 끓인다.
2 프라이팬에서 잣의 겉면이 갈색으로 변할 때까지 볶는다. 대략 5~6분 정도 소요.
3 파슬리는 잘 씻어서 잘게 썬다. 식빵은 주사위 모양으로 썬다. 이들을 볼에 넣고 물 2~3작은술을 넣은 후 잘 섞는다. 남은 마늘 1개는 얇게 슬라이스한다.
4 볼에 준비한 모든 고기 모두와 ②의 잣, ③의 재료, 간 파르메산 치즈, 소금 1핀치, 후추 1핀치, 계란 모두를 넣고 잘 섞어 반죽한다.
5 ④를 3등분하여 각각의 반죽을 동그란 공처럼 만든다. 겉면에 밀가루를 입힌다.
6 프라이팬에 2~3큰술의 해바라기씨유를 넣고 열을 가한 후 ⑤의 완자를 일정하게 뒤집어가며 8분간 익힌다.
7 오븐을 240℃로 예열한다.
8 바게트를 가로 방향으로 반으로 가른다. 아래위 쪽 모두 버터를 바른다.
9 바게트 안에 ⑥의 미트볼 3개를 넣고 오븐용 그릇에 담아 약 2분간 오븐에 넣는다. 모차렐라 치즈를 미트볼 위에 고루 뿌리고 다시 오븐에 넣어 치즈가 흘러내린다 싶으면 바로 빼낸다. 뜨거울 때 먹는다.

HOT DOG AU BOUDIN BLANC
부뎅 블랑을 넣은 핫도그

핫도그 1개용 → 재료 준비 10분 → 요리 시간 15분

양파 ½개 • 버터 15g • 해바라기씨유 3큰술
청사과* ½개 • 레몬즙 1개분 • 샬롯 ½개
마늘 ½알 • 2mm 두께로 슬라이스한 생강 1장 • 정향 1개
사과주 비네거 1작은술 • 설탕 1큰술 • 핫도그 빵 1개
부뎅 블랑 page 147 1개 • 소금&후추

1. 양파는 둥근 모양이 나오도록 얇게 슬라이스한다.
2. 버터 10g과 해바라기씨유 1큰술을 프라이팬에 넣고 열을 가한다. 양파를 볶는다.
3. 사과는 주사위 모양으로 잘게 썬 후 찬물에 담근다. 사과의 갈변을 막기 위해 찬물에 약간의 레몬즙을 넣는다.
4. 샬롯, 마늘은 껍질을 벗기고 얇은 두께로 슬라이스한다. 생강은 채썬다.
5. 프라이팬에 해바라기씨유 1큰술을 두르고 열을 가한다. ④의 재료를 넣고 볶는다. 어느 정도 색깔이 나면 정향, 사과주 비네거, 설탕을 넣고 잘 섞어 준다. 이후 ③의 사과를 넣되 넣기 전에 물기를 말끔히 제거한다. 소금과 후추로 간을 하고 중불에서 프라이팬에서 즙이 보이지 않을 때까지 졸인다(약 10분 정도 걸릴 것이다). 8분쯤 지나면 정향은 걷어낸다. 나머지 재료는 이후 접시에 키친타월을 깔고 그 위에 둔다.
6. 프라이팬에서 버터를 녹이고 빵의 안쪽 면이 어느 정도 색깔이 날 때까지 굽는다.
7. 프라이팬에 남은 해바라기씨유를 넣고 열을 가한 후 2분 정도 부뎅을 굽는다.
8. 빵에 ②의 양파를 깔고 부뎅을 얹는다. ⑤의 재료를 부뎅 주변에 올린다.

*원서에서 언급한 사과의 품종은 그레니-스미스(granny-smith)다. 그레니-스미스는 프랑스에서 세 번째로 많이 생산되는 사과 품종으로 신맛이 특징적이며 과육이 단단하고 즙이 많을 뿐 아니라 갈변이 쉽게 되지 않아 샐러드 만들 때 많이 사용된다.

LE BURGER VÉGÉTARIEN ET LES BURGERS AUX POISSONS

베지테리언을 위한 버거 & 피쉬 버거

BURGER VÉGÉTARIEN
현미 야채 버거

버거 1개용 → 재료 준비 15분 → 요리 시간 45분

현미 50g • 퓌이의 렌틸콩 page 144 40g • 그리스 요거트 page 149 1개 • 레몬즙 ½개분
홀그레인 머스터드 1작은술 • 양파 ½개 • 피넛 오일 page 148 1큰술
익힌 비트 둥글게 슬라이스한 것 1장 • 커민 가루 1핀치
에스펠레트 산 고춧가루 page 145 1핀치 • 파슬리 다진 것 조금 • 칠리 가루 1핀치
간장 조금 • 밀가루 1큰술 • 버거용 빵 1개 • 버터 5g
상추 2~3 장 • 토마토 슬라이스 2장 • 슬라이스한 아보카도 3~4장 • 소금

1. 현미밥을 한다.
2. 콩 중량의 3배 정도 되는 물을 붓고 렌틸콩을 삶는다.
3. 볼에 요거트와 레몬즙을 넣고 섞는다. 소금 1핀치와 머스터드를 추가하고 다시 잘 섞는다.
4. 양파는 얇게 저민다. 프라이팬에 피넛 오일 1작은술을 두르고 어느 정도 뜨거워지면 양파를 볶는다.
5. 비트는 주사위 모양으로 잘게 썬다. 이것을 ④에 넣어 양파와 함께 볶다가 커민 가루와 고춧가루를 추가한 후 잘 섞어준다. 약불에서 약 5분간 더 끓인다.
6. 볼에서 ②의 삶은 콩을 짓이긴 후 익힌 현미와 섞는다. 소금 간을 한 후 ⑤의 재료와 다진 파슬리, 칠리 가루, 간장을 넣고 한덩이가 되도록 잘 반죽한다. 스테이크 모양으로 만든다.
7. 스테이크 양면에 밀가루를 고루 묻힌다.
8. 프라이팬에 피넛 오일을 두르고 어느 정도 뜨거워지면 스테이크를 굽는다. 한 면당 2분씩이면 충분하다.
9. 빵을 가른다.
10. 프라이팬에 버터를 녹이고 빵의 안쪽 면이 어느 정도 색깔이 날 때까지 굽는다.
11. 아래쪽 빵에 ③의 요거트를 바르고 그 위에 상추, 토마토 슬라이스, 스테이크, 아보카도 슬라이스를 차례로 올린다. 빵을 덮어 마무리한다.

SANDWICH AU HOMARD
바닷가재 샌드위치

샌드위치 1개용 ➔ 재료 준비 15분 ➔ 요리 시간 10분 ➔ 냉장 보관 30~45분

바닷가재 1마리 • 버터 255g • 핫도그빵 길이의 긴 브리오슈 1개
마요네즈 2큰술 • 레몬즙 ¼개분
얇게 다진 타라곤 3잎분 • 타바스코 1방울 • 소금

1. 냄비에 물을 끓인다. 가재를 넣는다.
2. 다시 물이 끓기 시작하면 가재를 꺼내 찬물에 담근다.
3. 가재는 껍질을 벗겨내고 살을 두툼하게 자른다.
4. 작은 냄비에 250g의 버터를 넣고 천천히 녹인다.
5. 녹인 버터에 가재 살을 넣고 5분간 끓인다. 가재 살이 버터에 고루 묻을 수 있도록 잘 덮어준다. 가재 살이 하얗게 변하면 불에서 내려 냉장고에 약 30~45분간 넣어 둔다.
6. 빵을 반으로 가른다.
7. 프라이팬에 남은 버터를 녹이고 빵의 안쪽 면을 어느 정도 색깔이 날 때까지 굽는다.
8. 빵에 마요네즈를 바른다.
9. 볼에 레몬즙과 다진 타라곤, 타바스코 소스를 모두 넣고 소금 간을 한 후 잘 섞어준다.
10. 냉장고에서 꺼낸 가재 살에 ⑨의 소스를 가볍게 입히고 아래쪽 빵에 놓은 후 위쪽 빵을 덮어 마무리한다.

BURGER AU SAUMON
연어 스테이크 버거

버거 1개용 → 재료 준비 20분 → 요리 시간 5분

껍질 벗긴 연어 등살 1장 • 마늘 1알 • 적양파 ½개 • 2mm 두께의 생강 조각 1개
식빵 ½장 • 레드 파프리카 ¼개 • 양파 1개분 양파싹* • 계란 ¼개분 흰자
간장 조금 • 라임즙 ½개분 • 버거용 빵 1개 • 버터 5g • 마요네즈 1큰술
와사비 조금 • 해바라기씨유 1큰술 • 옥수수 전분 2큰술
시금치 몇 장 • 단맛 강한 토마토** 둥글게 슬라이스한 것 2장 • 소금

데리야키 소스 → 간장 100ml • 미림 100ml • 설탕 2큰술

1. 연어를 주사위 모양으로 잘게 썬다. 마늘, 생강, 양파 모두 얇게 저민다. 식빵과 레드 파프리카 모두 작은 정육면체 모양으로 썬다. 양파싹은 송송 채썬다.
2. ①의 모든 재료를 볼에 넣고 계란 흰자를 첨가해 잘 섞는다. 여기에 간장, 소량의 라임즙을 넣고 섞은 후 냉장고에 보관한다.
3. **데리야키 소스 만들기.** 간장, 미림 설탕을 모두 냄비에 넣고 약불에서 계속 저어주며 끓인다. 시럽처럼 걸쭉해지면 불에서 내린다.
4. 빵을 반으로 가른다.
5. 프라이팬에서 버터를 녹이고 빵의 안쪽 면이 어느 정도 색깔이 날 때까지 굽는다.
6. 볼에 마요네즈, 남은 라임즙, 와사비를 넣고 잘 섞은 후 아래쪽 빵에 바른다.
7. 프라이팬에 해바라기씨유를 두르고 열을 가한다.
8. **연어 스테이크 만들기.** 냉장고에서 꺼낸 ②의 반죽에 소금 간을 한 후 스테이크 모양으로 만든다. 겉에 옥수수전분을 바른다. ⑦의 프라이팬에 올려 앞뒤 면을 각각 2분 정도씩 굽는다.
9. ⑥을 바른 빵 위에 시금치, 토마토 슬라이스, 연어 스테이크를 차례로 올리고 데리야키 소스를 뿌린 후 빵을 덮어 마무리한다.

*국내에서 양파는 줄기 부분을 제거하고 판매하기 따문에 좀처럼 구하기가 쉽지 않을 것이다. 0 것을 구할 수 없을 때는 양파 싹을 틔워 이것을 이용하는 것도 방법이다.
**원서에서 언급한 토마토 품종은 tomate noire de Crimée다. 이 토마토는 검붉은 보랏빛이 특징이다. 신맛이라고는 전혀 느낄 수 없고 단맛이 강해 아이들을 위한 토마토라고 할 수 있다. 프랑스에서는 주로 샐러드에 많이 사용한다.

LES ACCOMPAGNEMENTS

곁들이는 음식

FRITES DE POMMES DE TERRE
감자 튀김

4인분 ➔ 재료 준비 10분 ➔ 미리 담그기 1시간 ➔ 요리 시간 10분

튀김용 기름 • 감자 **page 144** 500g • 소금

---

1. 감자는 껍질을 벗기지 않고 긴 막대 모양으로 썬 후, 찬물에 약 1시간 가량 담가둔다.
2. 튀김 기름의 온도를 150℃까지 올린다.
3. 감자의 물기를 말끔히 제거하고 약 6분간 튀긴다.
4. 기름을 잘 털어낸다.
5. 튀김 기름의 온도를 180℃까지 올린다.
6. 감자를 다시 한 번 3~4분간 튀긴다.
7. 소금을 뿌린다.

FRITES DE PATATE DOUCE
고구마 튀김

2인분 ➔ 재료 준비 5분 ➔ 요리 시간 4~5분

튀김용 기름 • 고구마 1개 • 설탕 • 소금

1. 튀김 기름의 온도를 150℃까지 올린다.
2. 고구마는 껍질을 벗기고 긴 막대 모양으로 썬다.
3. 2~3분간 튀긴다.
4. 기름을 털어낸다.
5. 튀김 기름의 온도를 180℃까지 올리고 다시 한 번 2분간 튀긴다.
6. 설탕과 소금을 뿌린다.

COLESLAW
코울슬로

4인분 → 재료 준비 5분

적양파 ½개 • 코리엔더 소량 • 채썬 양배추 125g
채썬 당근 125g • 마요네즈 2큰술
쌀식초 1큰술 • 설탕 1큰술 • 레몬즙 ½개분 • 소금 1핀치

1 양파는 껍질을 벗기고 얇게 썬다. 코리엔더는 다진다.
2 볼에 양배추와 당근, ①의 재료를 모두 넣고 잘 섞는다.
3 마요네즈, 쌀식초, 설탕, 레몬즙, 소금을 섞는다.
4 ③을 ②에 붓고 잘 섞어준다.

FRITES AU CHILI
칠리 콘 카르네를 곁들인 감자 튀김

4인분 → 재료 준비 10분 → 요리 시간 35분 → 미리 담그기 1시간

양파 1개 • 해바라기씨유 1큰술 • 레드 파프리카 ½개
쇠고기 다짐육 300g • 카옌페퍼 1핀치 • 칠리 가루 1작은술
마늘 가루 1작은술 • 쇠고기 육수 200ml • 파프리카 가루 1핀치
커민 가루 1작은술 • 토마토 퓨레 1큰술
튀김용 기름 • 튀김용 감자 500g • 갈은 체다 치즈 50g • 소금

1. **칠리 콘 카르네 만들기.** 양파는 후 얇게 저민다. 프라이팬에 해바라기씨유를 두르고 열을 가한 후 양파를 볶는다. 레드 파프리카는 작은 주사위 모양으로 썬 후 볶은 양파에 넣고 중불에서 볶는다. 5분이 지나면 다진 고기를 넣고 강불에서 2분간 볶는다. 이후 카옌페퍼, 칠리 가루, 마늘 가루를 넣고 2분간 더 끓인다. 불을 약하게 조절하고 여기에 쇠고기 육수, 파프리카, 커민 가루, 토마토 퓨레를 넣고 잘 섞어준 다음 프라이팬에 즙이 더 이상 남아있지 않을 때까지 끓인다.
2. 튀김 기름의 온도를 150℃까지 올린다.
3. 감자는 껍질을 벗기지 않고 긴 막대 모양으로 썬다.
4. 썰어놓은 감자는 물에 1시간가량 담가둔다.
5. 물기를 없애고 약 6분간 튀긴다.
6. 기름을 털어낸다.
7. 튀김 기름의 온도를 180℃까지 올린다.
8. 감자를 한 번 더 튀긴다. 약 3~4분 정도면 충분하다. 소금을 뿌린다.
9. 감자 튀김을 2~3큰술의 칠리 콘 카르네, 간 체다 치즈와 함께 낸다(옆의 사진처럼 감자 튀김 위에 칠리 콘 카르네, 체다 치즈를 뿌려 내놓아도 좋다).

SALADE DE POMMES DE TERRE
감자 샐러드

4인분 ➔ 재료 준비 10분 ➔ 요리 시간 35분

적감자 4개 • 계란 2개 • 양파 ½개 • 송송 썬 골파 3큰술
샐러리 1대 • 슬라이스한 훈제 삼겹살 2장 • 사과주 비네거 1큰술
케이퍼 ½큰술 • 마요네즈 1큰술
생크림 1큰술 • 소금

1. 감자는 정육각형으로 굵게 썬다.
2. 물에 소금을 약간 넣고 끓인다. 감자를 약 25분간 삶는다(칼이나 뾰족한 것으로 감자를 감자가 잘 삶아졌는지 확인할 것). 삶은 감자의 물기를 제거한다. 감자 삶은 물은 다 버리지 말고 200ml는 보관한다. 삶은 감자는 다시 차가운 물에 넣어 식힌 후 물기를 제거한다.
3. 계란을 삶는다. 얇게 슬라이스한다
4. 양파는 얇게 저민다. 샐러리는 정육면체 모양으로 썬다.
5. 프라이팬에서 삼겹살 표면이 바삭거릴 때까지 굽는다. 다 구운 삼겹살은 키친타월 위에 올려 둔다. 바삭하게 구워진 삼겹살을 잘게 부순다.
6. 사과주 비네거와 감자 삶은 물 1작은술, 양파, 케이퍼, 골파, 마요네즈, 생크림, 샐러리, ⑤의 삼겹살을 볼에 모두 넣고 잘 섞는다. 여기에 감자를 넣고 다시 한 번 섞는다. 만약 많이 퍽퍽하다면 감자 삶은 물을 조금 더 추가한다.

BEIGNETS D'OIGNON
양파 튀김

4인분 ➔ 재료 준비 2분 ➔ 요리 시간 7분

밀가루 300g • 캔맥주 작은 것 1개 • 튀김용 기름 • 양파 4개

---

1. 볼에 밀가루를 담았다가 다시 샐러드볼에 붓는다. 밀가루를 담았던 볼에 맥주를 채웠다가 샐러드볼에 넣는다. 거품기를 가지고 빠른 속도로 휘저어 반죽을 준비한다.
2. 튀김 기름의 온도를 175°C까지 올린다.
3. 양파는 둥근 모양으로 두껍게 슬라이스한다. 양파 슬라이스들을 하나씩 잘 분리한다.
4. 양파에 ①의 튀김옷을 입힌 후 약 7분간 튀긴다. 튀기는 동안 뒤집어준다.

SALADE D'ÉPINARDS
시금치 샐러드

2인분 ➔ 재료 준비 5분 ➔ 요리 시간 25분

계란 2개 • 적양파 ½개 • 슬라이스한 훈제 삼겹살 80g • 디종 머스터드 1작은술
설탕 1핀치 • 와인 비네거 1작은술 • 메이플 시럽 조금 • 시금치(잎) 100g

1. 계란은 완숙으로 삶는다. 껍질을 벗기고 잘게 부순다.
2. 적양파는 얇게 저민다.
3. 삼겹살을 라르돈 크기로 얇게 썬 후 바삭거릴 때까지 굽는다. 굽는 동안 생긴 삼겹살 기름은 버리지 않고 프라이팬에 그대로 둔다. 다 구워진 라르돈은 키친타월 위에 올려둔다.
4. 상온에서 ③에서 사용한 프라이팬에 머스터드, 설탕, 와인 비네거를 넣고 섞어준다. 이후 프라이팬을 약불에 올려 1분간 계속 저어주면서 끓인다. 불에서 내려 메이플 시럽을 넣고 힘차게 섞는다.
5. 볼에 시금치, 계란, 적양파, 라르돈을 넣고 ④의 소스를 뿌리고 잘 섞는다.

GRATIN DE COQUILLETTES
세 가지 치즈가 들어간 마카로니 그라탱

4인분 → 재료 준비 10분 → 요리 시간 35분

마카로니 200g • 체다 100g • 콩테 page 153 100g • 그뤼에르 100g
슬라이스한 훈제 삼겹살 4장(대략 80g) • 밀가루 ½큰술
유지방 함유량이 높은 생크림 page 149 3큰술 • 우유 3큰술 • 넛맥분 ½작은술
버터 20g • 빵가루 4큰술 • 소금

---

1. 냄비에 약간의 소금을 넣고 물을 끓인다. 마카로니를 넣어 알 덴테* 정도로 삶는다. 다 삶아지면 마카로니에 찬물을 뿌려 더 이상 열이 퍼지는 것을 막는다.
2. 치즈는 모두 강판에 갈아 볼에 넣고 고루 섞어준다.
3. 삼겹살을 라르동처럼 썬다. 냄비에서 표면이 바삭거릴 정도로 굽는다. 다 굽고 나면 키친타월 위에 둔다. 냄비에 남아 있는 기름은 버리지 말고 다음 단계에서 바로 사용한다.
4. **루 만들기.** ③의 냄비에 밀가루를 넣고 힘차게 섞는다. 이후 약불에서 약 10분간 끓인다. 생크림과 우유를 넣고 잘 섞어준다. ③의 삼겹살을 넣고 모든 재료가 고루 섞이도록 계속 뒤섞어준다. 어느 정도 잘 섞였다 싶으면 반죽의 질감이 가벼워질 때까지 불 위에서 저 혼자 끓게 둔다. 원하는 상태가 되면 ②의 치즈를 조금씩 넣어주면서 잘 섞어준다. 넛맥 가루와 버터 10g을 넣고 치즈가 부드럽게 녹을 때까지 계속 저어준다. 반죽이 어느 정도 되직해지면 ①의 마카로니를 넣고 잘 섞는다.
5. 오븐을 180℃로 예열한다.
6. 프라이팬에 나머지 버터를 넣고 열을 가한 후 빵가루가 어느 정도 색이 날 때까지 볶는다.
7. 그라탱 그릇에 ④를 담고 그 위에 빵가루를 뿌린 후 오븐에 넣는다. 20분 후에 꺼낸다.

*al dente. 씹었을 때 약간의 심이 느껴질 정도로 삶은 것.

LES DESSERTS

디저트

CUPCAKES DOUBLE CHOCOLAT
더블 초콜릿 컵케이크

컵케이크 24개용 ➔ 재료 준비 25분 ➔ 요리 시간 15분 ➔ 숙성 시간 12시간

다크 초콜릿 85g • 뜨거운 커피 375ml • 박력분 500g
100% 카카오 분말 165g • 설탕 675g
베이킹 소다 2작은술 • 베이킹 파우더 ¾작은술 • 큰 계란 3개
해바라기씨유 190ml • 버터밀크 375ml • 바닐라 엑기스 ¾작은술 • 소금 1작은술

가나슈 ➔ 다크 초콜릿 125g • 설탕 40g • 카카오 분말 40g • 생크림 500ml

1 **가나슈 만들기.** 초콜릿을 부순다. 생크림은 끓인다. 카카오 분말은 체에 한번 거른다. 볼에 부순 초콜릿, 카카오 분말, 설탕을 넣고 끓인 생크림을 붓는다. 거품기로 잘 섞어준다. 열기가 어느 정도 가시면 냉장실에 12시간 넣어둔다.
2 초콜릿을 부셔서 볼에 넣는다. 뜨거운 커피를 붓고 초콜릿이 완전히 녹을 때까지 잘 섞는다.
3 밀가루, 설탕, 카카오 분말, 베이킹 소다, 베이킹 파우더는 체로 한번 친다. 소금 간을 하고 볼에 모두 넣어 잘 섞어준다.
4 큰 볼에 계란을 넣고 거품기로 힘껏 쳐댄다. 천천히 해바라기씨유, 버터밀크, 바닐라 엑기스를 넣고 ②의 녹인 초콜릿을 넣는다. 이후 ③의 재료를 넣고 잘 섞어준다.
5 ④의 반죽을 컵케이크 전용 컵(틀)에 넣고 150℃의 오븐에서 약 15분간 굽는다. 칼끝을 컵케이크 속에 찔렀다가 뺐을 때 칼 표면에 반죽이 묻어 나오지 않으면 잘 구워진 것이다.
6 냉장실 보관중인 가나슈를 꺼내와 전기 믹서기에서 한 번 돌려준다. 짤주머니에 가나슈를 넣고 컵케이크의 표면을 장식한다.

CHEESECAKE AU CHOCOLAT BLANC
화이트 초콜릿 크림치즈 케이크

10~12인분용 ➔ 재료 준비 30분 ➔ 숙성 시간 6시간 ➔ 요리 시간 35분

화이트 초콜릿 170g • 필라델피아 크림 치즈 900g
설탕 270g • 큰 달걀 4개 • 생크림 2큰술
바닐라 엑기스 2작은술
바닥용 비스켓 ➔ 녹인 버터 80g • 부순 스페큐루스*300g

---

1 **바닥용 비스켓 만들기.** 녹인 버터와 스페큐루스를 잘 섞어준다. 이것을 지름 26cm 혹은 이보다 더 작은 둥근 틀(틀의 바닥을 떼었다 붙였다 할 수 있는 것으로 준비)에 간다. 175℃의 오븐에서 약 10분간 굽는다. 상온에서 식힌다.
2 화이트 초콜릿을 중탕으로 녹인다.
3 필라델피아 크림치즈와 설탕을 믹서기에 넣어 크림 상태가 될 때까지 믹싱한다. 계속 믹서기를 돌리면서 계란을 하나씩 천천히 넣어준다. 이후 생크림과 바닐라 엑기스도 넣는다. 믹싱을 멈추고 나무주걱으로 ②의 초콜릿을 넣고 나무주걱으로 잘 섞는다.
4 ③의 반죽을 ①의 틀에 붓는다. 표면을 매끄럽게 정돈하고 150℃ 오븐에서 15~20분간 굽는다.
5 오븐에서 꺼낸 후에는 칼끝을 틀의 가장자리에 넣고 빙 돌려 틀과 케이크를 분리한다.
6 상온에서 어느 정도 식힌 다음 틀을 제거한다. 냉장고에 적어도 6시간을 두었다가 먹는다.

---

*spéculoos. 벨기에, 네덜란드, 독일의 서쪽 지방, 프랑스의 북쪽 지방에서 성 니콜라의 날인 12월 6일 즈음 먹는 직사각형 쿠키다. 한때 국내 많은 카페에서도 커피와 함께 비슷한 종류의 과자를 내준 적이 있다.

TARTE AUX NOIX DE PÉCAN
피칸 타르트

8~10인분 → 재료 준비 30분 → 요리 시간 약 50분 → 숙성 시간 1시간 30분

계란 3개 • 녹은 버터 55g • 체에 친 박력분 1큰술
바닐라 엑기스 ½작은술 • 메이플 시럽 60ml • 흑설탕 150g
글루코즈 혹은 옥수수 시럽 180ml • 버번 위스키 2큰술
조각 낸 피칸 120g • 소금 1피치

비스켓 → 차가운 버터 110g • 밀가루 110g • 베이킹 파우더 1피치
필라델피아 크림치즈 100g • 사과주 비네거 1½작은술 • 소금 1피치

1 **비스켓 만들기.** 버터, 밀가루, 소금, 베이킹 파우더를 푸드 프로세서에 넣고 모래와 같은 질감이 될 때까지 반죽한다. 필라델피아 크림치즈, 찬물 1큰술, 사과주 비네거를 넣고 반죽이 적당히 되직할 때까지 섞어준다. 랩으로 감싸 냉장고에 1시간 동안 넣어둔다.

2 틀의 높이까지 반죽이 덮을 수 있을 정도의 지름을 감안하여 ①을 밀대로 편다. 타르트 틀에 반죽을 깔고 차가운 곳에 약 30분간 놔둔다.

3 반죽 위에 유산지를 올린 후 그 위에 쌀이나 여러 곡물을 틀의 높이만큼 붓고 표면을 고루 편다(그래야 오븐에서 구울 때 반죽이 부풀어 오르는 것을 방지할 수 있다). 150℃의 오븐에서 반죽이 어느 정도 색이 나기 시작할 때까지 굽는다. 오븐에서 빼낸 후 유산지, 올려놓은 곡물을 모두 제거한 후 비스켓만 다시 오븐에 넣어 가볍게 색이 날 때까지 굽는다. 오븐에서 빼낸 비스켓은 차가운 곳에서 열기를 식힌다.

4 피칸 조각만 빼고 모든 재료를 잘 섞는다. 피칸 조각은 미리 구워놓은 비스켓 위에 깐다. 그 위에 방금 섞어 놓은 반죽을 붓는다.

5 ④를 175℃의 오븐에서 반죽의 가운데 부분이 더 이상 들썩거리며 움직이지 않을 때까지 굽는다(대략 30~40분 정도 걸린다). 오븐에서 꺼낸 다음에는 차가운 곳에 놔두었다가 식으면 틀에서 빼낸다.

CAKE AUX CAROTTES
당근 케이크

12~16인분 → 재료 준비 45분 → 요리 시간 35~40분

당근 500g • 박력분 200g+틀에 뿌릴 박력분 약간 • 계피 가루 1작은술
생강 가루 1작은술 • 넛맥 가루 ½작은술
베이킹 소다 1½작은술 • 베이킹 파우더 1½작은술 • 큰 계란 4개
설탕 300g • 해바라기씨유 125ml
설탕이 들어가지 않은 사과 콤포트 200g • 건포도 75g • 호두 조각 75g
틀에 바를 버터 소량 • 소금 1작은술

크림 → 상온에 둔 버터 100g • 슈가 파우더 50g
메이플 시럽 60ml • 바닐라 엑기스 1작은술 • 필라델피아 크림치즈 600g

1. 당근은 껍질을 벗기고 가늘게 채친다.
2. 밀가루, 소금, 계피 가루, 생강 가루, 넛맥 가루, 베이킹 소다, 베이킹 파우더를 체로 쳐 볼에 담는다.
3. 계란에 설탕을 넣고 되직해질 때까지 거품기로 친다. 치면서 조금씩 해바라기씨유를 흘려 넣는다. 사과 콤포트를 넣고 나무 주걱을 이용해 반죽과 섞어준다.
4. ③에 ②의 가루들을 부어 대충 섞어준다. 여기에 채친 당근, 건포도, 호두 조각을 넣는다.
5. 지름 26cm의 틀 2개 준비. 각각의 틀에 버터를 바른 후 밀가루를 입혔다가 잘 털어낸다(이렇게 하면 오븐에서 굽고 난 후 틀에서 말끔하게 잘 분리된다). 여기에 ④의 반죽을 붓는다. 150도의 오븐에서 굽는다. 칼끝으로 반죽을 찔렀다가 뺐을 때 칼에 아무 것도 묻지 않으면 오븐에서 꺼낸다(대략 35~40분이 걸린다). 상온에서 식히고 틀에서 빼낸다.
6. **크림 만들기.** 볼에 버터를 넣고 치댄다. 슈가 파우더, 메이플 시럽, 바닐라 엑기스를 함께 넣고 섞는다. 이들의 상태가 되직해지면 필라델피아 크림치즈를 넣고 반죽이 크림 상태가 될 때까지 계속 치댄다.
7. 큰 접시 위에 ⑤의 비스켓 1장을 올리고 크림으로 뒤덮는다. 두 번째 비스켓을 그 위에 올리고 다시 크림으로 덮는다. 호두 조각과 당근으로 장식한다.

NOTE

이 책 레시피에는 미식적인 가치가 높은 재료가 많이 등장한다. 이러한 재료 중에는 오직 프랑스에서만 구할 수 있는 것들이 있어 별도의 설명이 필요하다고 보았다. 무엇보다 치즈 설명이 힘에 부쳤음을 미리 밝혀둔다. 마치 와인처럼 치즈 또한 혀에서 느낀 것을 글로 표현해내는 데 한계가 있었다. 직접 맛보지 못한 재료는 다수의 관련 서적을 참조했고, 재료에 따라 공식 홈페이지가 있을 경우 그곳의 정보를 모아 정리했다.—옮긴이

Celebrities & Places

공트랑 쉐리에

프랑스의 젊은 미남 제빵사. 빵가게를 운영하는 부모님의 영향을 받아 어렸을 때부터 자연스럽게 밀가루의 매력에 빠져들었다고 한다. 저자인 크리스틴과 마찬가지로 에콜 페란디를 졸업했다. 현재 파리 17구와 18구, 파리 근교, 그리고 싱가포르와 도쿄에 본인 이름의 블랑제리가 있다. 2011년 5월, 프랑스의 주요 일간지 <르 피가로>가 파리의 유명 식당과 부자들이 이용하는 빵가게에 대한 기사를 실었는데, 총 12개의 블랑제리 리스트에 공트랑 쉐리에의 이름도 올라 있었다. "파리의 스타 제빵사들(Les boulangers stars de la capitale)"이라는 제목의 이 기사에서는 각 블랑제리를 대표하는 빵도 함께 다루었는데, 공트랑 쉐리에의 경우에는 버거빵(bun)이 소개되었다. 크리스틴이 버거빵의 공급처로 공트랑 쉐리에를 제일 먼저 찾아갔던 이유가 자연스레 이해된다.
www.gontrancherrierboulanger.com

장-피에르 비가토

1984년 아피시우스(www.restaurant-apicius.com)가 문을 열자마자 미슐랭 가이드로부터 별 두 개를 받으면서 단번에 명성을 얻었다. 2009년에는 모로코 마라케슈의 가장 호화로운 호텔인 라 마모니아(미국의 TV드라마 '섹스 앤 더 시티' 시즌 2에 등장하면서 더욱 유명해졌다)에 본인 이름의 식당 '르 프랑세 파르 장-피에르 비가토(Le Francais par Jean-Pierre Vigato)'를 열었고, 이듬해에는 프랑스 정부가 주는 최고 훈장인 슈발리에 드 레지옹 도뇌르(Chevalier de Region d'Honneur)를 받았다. 별도로 운영 중인 개인 홈페이지(www.jeanpierrevigato.com)에는 요리에 관심 있는 독자라면 분명 흥미를 느낄 만한 동영상이 꽤 많이 올라와 있다.

스파고

LA에서 가장 훌륭한 레스토랑 중 하나. 오스트리아 출신의 세계적인 스타 셰프 볼프강 퍽(Wolfgang Puck)이 부인과 함께 1982년에 오픈했다. 지금의 자리로 옮겨온 것은 1997년이다. 2008년과 2009년 연이어 미슐랭 가이드로부터 별을 받았다. 현재 스파고는 베벌리힐스점을 비롯하여 총 4개점이 있다.
www.wolfgangpuck.com/restaurants/fine-dining/3635

에콜 페란디

1920년 파리 일-드-프랑스 상공회의소가 직업기능인을 양성하고자 설립한 학교다. 1997년 요리학교와 가죽, 인테리어 등의 기술자 양성을 담당해온 또 다른 직업기술학교 에콜 그레구아르가 합쳐지면서 현재 이 학교의 정식 명칭은 에콜 그레구아르-페란디(Ecole Grégoire-Ferrandi)로 변경되었다. 요식업 분야(제과, 요리, 식당 매니저 등)의 국가기술자격자 양성을 위한 3년간의 정규과정(ESCF, Ecole Supérieure de Cuisine Française 프랑스 요리전문 고등학교) 외에도 다수의 커리큘럼이 개설되어 있다. 어떤 수업이든 이론과 실습이 병행된다. 모든 교사는 프랑스 정부가 주는 MOF(Meilleur Ouvrier de France 프랑스 최고 기능인. 오직 MOF를 받은 사람만이 요리복 목깃에 프랑스를 상징하는 삼색띠를 부착할 수 있다)이거나 그 분야에서 10년 이상 종사한 경력자들이다.

Herbes & Spices

AOC 인증의 의미

*AOC(appellation d'origine controlée)*는 프랑스 정부가 농식품 분야에 있어 그것이 생산되는 지역의 특수한 지리적 환경이 만들어낸 높은 품질과 특성을 보호하기 위해 만든 일종의 보증 제도라고 할 수 있다. 이탈리아의 DOC, 스페인의 DO, 스위스의 AOC, 유럽연합의 AOP도 이를 본따 만든 것이다. 와인, 유제품, 고기류, 채소류, 해산물 등의 농식품이 이 인증을 받기 위해서는 생산지 범위, 품종, 재배방법, 생산방식 등의 까다로운 요건을 통과해야만 한다.

검은 송로버섯

프랑스어로는 트뤼프(truffe), 영어로는 트러플(truffle)이라고 한다. 송로버섯은 캐비아, 푸아그라와 함께 세계 3대 진미 중 하나로 꼽힌다. 땅속 깊이 박혀 있기 때문에 이 버섯을 찾을 때에는 돼지나 훈련된 개가 동원된다. 알려진 바에 의하면 검은 송로에서 흙냄새를 비롯해 100가지가 넘는 향이 발견되었다고 한다. 흰 송로의 향이 검은 송로보다 더 복합적이고 강하다. 검은 송로는 약한 불에서 조리해야 맛과 향이 더욱 강해지지만 흰 송로는 날것 그대로 얇게 저며 요리에 얹어 먹는 것이 가장 좋다. 가공하여 판매되고 있는 것은 모두 검은 송로이다.

▲ 검은 송로버섯 미니 버거

샬롯

프랑스어로는 에샬로트(échalote)라고 한다. 프랑스와 동남아시아에서 높이 쳐주는 채소로 양파와 비슷하게 생겼지만 양파보다 좀 더 작으며 순하고 단맛이 난다. 향 또한 양파보다 부드러운데 마늘 향도 살짝 풍겨 유럽에서는 특히 샐러드를 만들 때 많이 사용한다. 프랑스의 경우 동쪽과 북쪽 지방에서 양파보다 샬롯을 더 선호한다. 값은 양파보다 비싸다.

▲ 체리 소스를 곁들인 푸아그라 버거, 서양고추냉이 소스와 구운 양파를 곁들인 버거, 부댕 블랑을 넣은 핫도그, 검은 송로버섯 미니 버거, 쇠고기 타르타르와 메추리 수란 미니 버거

세이지

샐비어라고도 한다. 프랑스의 프로방스 지방에서는 "정원에 세이지를 키우는 사람은 의사가 필요 없다"는 속담이 있을 정도로 유럽에서는 오래전부터 약초로 먼저 이용되었던 허브다. 조리시 잡냄새를 잡아주고 소화에도 도움을 주어 스페인에서는 기름기 많은 돼지고기 요리를 할 때 특히 많이 사용한다. 톡 쏘는 향과 약간 쌉쌀한 맛을 지녔다.

▲ 세이지 향이 나는 아이올리 호박 버거

세벤느산 순한 양파
oignon doux des Cévennes

프랑스 남동쪽에 위치한 세벤느에서 생산되는 이 양파는 2003년 프랑스 정부로부터 양파로는 최초로 AOC 지위를 부여받았다.
이 양파는 무엇보다 섬세한 향으로 유명한데 날로 먹어도 알싸한 맛을 전혀 느낄 수 없으며 매우 아삭하고 즙이 많다. 익혔을 때의 맛은 군밤이 연상될 만큼 부드럽고 달다. 프랑스에서 AOC를 받은 또 다른 양파는 프랑스 북동쪽에 위치한 로스코프(Roscoff)에서 생산된다.

www.oignon-doux-des-cevennes.fr

▲ 묑스테르 치즈 버거

순무

그리스에서 처음 재배되었다고 알려진 순무가 프랑스, 영국과 같은 유럽 대륙에 퍼지게 된 것은 16세기 이후부터이다. 봄에 수확한 순무는 강판에 갈아 샐러드에 사용하기도 하고 통째로 살짝 찌거나 버터에 재빨리 볶는 등 조리법에 따라 매콤하거나 뭉근한 단맛을 낸다. 진한 보랏빛의 공이 눌린 듯한 모양새의 이 채소는 날로 먹으면 매콤하고 쌉싸래한 맛이 난다.

▲ 레바논 버거

아스파라거스

콩나물의 3~4배에 이르는 아스파라긴산을 비롯하여 각종 비타민과 칼슘 등의 무기질이 풍부한 채소로 서양에서는 일찍부터 귀족 대접을 받아왔다. 4~5월이 제철인 아스파라거스는 유럽에서 봄의 전령사로 여겨진다. 봄이 되면 흙을 뚫고 싹이 올라오는데 우리가 먹는 것이 바로 그 싹이다. 갓 수확한 아스파라거스는 즙이 매우 많고 단맛이 강하지만 금세 즙이 줄어들며 맛 또한 밋밋해진다 그래서 유럽에는 "아스파라거스를 따러 가기 전에 미리 물을 끓이고 있어라"는 말이 있을 정도다. 신선한 아스파라거스는 워낙 맛과 향이 풍부하기 때문에 살짝 볶거나 삶아서 발사믹 비네거, 반숙 계란의 노른자 등에 찍어먹는 것만으로도 충분하다.

프랑스는 유럽 최대의 아스파라거스 생산국이다. 독일, 네덜란드처럼 위도가 높은 유럽 국가에서는 하얀 아스파라거스가, 이탈리아나 스페인에서는 녹색의 아스파라거스가 주로 생산된다. 둘 중 '화이트 골드'로 통하는 흰색 아스파라거스가 녹색의 아스파라거스보다 더 귀한 대접을 받는다. 맛에 있어서는 좀 더 부드럽고 섬세한 맛을 내는 흰색 아스파라거스의 인기가 높지만 영양 면에서는 녹색 아스파라거스의 가치가 더 높다. 둘의 색깔이 다른 것은 아스파라거스가 자랄 때 햇볕을 받았느냐 받지 않았느냐에 따른 결과다.

국내에서도 봄이면 신선한 녹색 아스파라거스를 쉽게 볼 수 있다. 반면 흰색 아스파라거스는 제주도에서 소량 생산되고 있어 아직까지는 시중에서 구하기가 만만치 않다.
▲스프링 버거

아티초크

지중해가 원산지로 최근 우리나라에서는 제주도와 남부 지방에서 소량 재배되기 시작했다. 이 채소가 역사에 처음 등장하게 된 것은 카트린 드 메디치(1519~1589) 덕택이다. 당시 어느 연대기 작가가 그녀의 먹성에 대해 쓴 글을 보면 그녀가 아티초크와 수탉의 볏, 콩팥을 너무 많이 먹어 설사로 고생했다는 일화가 소개되어 있다고 한다. 그녀가 프랑스로 시집을 가면서 아티초크를 챙겨간 덕에 프랑스 사람들도 비로소 처음으로 이 채소를 맛볼 수 있었다. 프랑스 화가 아브라함 보스(Abraham Bosse 1602~1676)가 남긴 '오감'이란 연작 중 '미각'이란 작품을 보면 아티초크가 귀족의 식탁 정중앙에 놓여있는 것을 볼 수 있는데 그 정도로 아티초크는 프랑스에 소개되자마자 귀족들의 사랑을 받았다. 사실 맛보다는 최음제로 제격이라는 소문이 돌았기 때문이다.

큰 아티초크는 찌거나 삶은 후에 반을 갈라 겉의 녹색 잎들은 벗겨내고 중심의 노란 잎부분을 먹고, 작은 것은 통째로 잘라 먹어도 좋다. 국내에서는 아직 신선한 아티초크 구입이 쉽지 않다. 대신 아티초크 병조림이 수입되고 있다. 인터넷으로도 구입할 수 있다.
▲스프링 버거

알팔파

'alfalfa'라는 이름은 스페인어 'alfalfez'에서 유래한 것으로 미국을 제외한 영어권 국가에서는 'lucerne', 프랑스에서는 'luzerne'로 부른다. 우리말로는 '자주개자리'라고 하는데 이 이름으로 얻을 수 있는 정보는 그리 많지 않다. 콜레스테롤을 낮춰주는 효능이 높다고 하여 육류 섭취가 많은 미국에서 인기가 좋다. 맛은 양배추와 비슷한데 그보다 순하고 달다. 국내 대형마트나 백화점의 식품매장에 가면 알팔파 새순이 포함된 모둠 새순 상품을 쉽게 볼 수 있다. 최근에는 집에서 길러 먹는 사람도 점차 늘어나고 있다.
▲캘리포니아 버거

엔다이브

아삭아삭한 식감에 쌉싸래하면서도 단맛이 나는 치커리과의 채소다. 전체적으로 하얀데 끝부분만 노란색을 띠고 있어 배춧속과 비슷하게 생겼다. 샐러드 만들 때 많이 이용하지만 살짝 익혀 먹어도 맛있다. 우리가 엔다이브라 부르는 이 채소의 정확한 이름은 '벨지언 엔다이브'다. 네덜란드와 호주에서는 '위트루프(witloof '흰 잎'이라는 뜻의 프랑스어)'라 부르고 영국에서는 '치커리'라고 한다. 우리나라에서 '치커리'라고 부르는 엔다이브는 정확히 '컬리 엔다이브'를 가리킨다. 만약 엔다이브를 구할 수 없을 때에는 배춧속을 사용하되 쓴맛을 보강하기 위해 치커리를 조금 넣어주는 것이 좋겠다.
▲ 무화과 로크포르 치즈 버거

콘 샐러드
부드러운 단맛을 내는 채소의 일종이다. 옥수수 밭 근처에서 잘 자란다고 하여 이름 붙여진 이 채소는 눈 밑에서도 자랄 만큼 추위에 강해 겨울부터 초봄까지 신선한 채소가 아쉬울 때 제격이다. 아쉽게도 국내에서는 좀처럼 보기 힘들다.
▲ 배를 곁들인 생-넥테르 치즈 버거, 레바논 치즈 버거

튀김용 감자
저자가 튀김용 감자로 정확히 언급해놓은 감자는 체자르 감자(pomme de terre caesar)와 BF15이다. 프랑스에는 요리에 사용되는 감자 품종만 약 100여 종에 이른다. 감자를 이용한 요리가 발달되어 있다 보니 요리 전문 사이트나 요리책에는 요리에 따라 가장 적합한 감자 품종 이름이 적혀 있는 것을 쉽게 발견할 수 있다. 체자르 감자는 녹말 함유율이 높은 대신 수분 함량과 기름 흡수율이 낮아 튀겼을 때 매우 바삭거릴 뿐 아니라 튀기고 난 후에도 색이 먹음직스러워 튀김용으로 적합하다. BF15는 프랑스 국립농업연구소 INRA에서 개발한 감자로 그라탱을 만들 때 제격이다. 두 감자 모두 단단하고 수분 함량이 적어 조리 후 모양 변화가 크지 않다. 국내에서는 감자의 종류를 단순히 알감자, 햇감자처럼 크기나 출하된 시기 등으로 간신히 구분하고 있을 뿐 품종에 따른 분류나 소개는 찾아보기 힘들다.
▲ 감자 튀김, 칠리 콘 카르네를 곁들인 감자 튀김

플로렌스 펜넬
이탈리아 펜넬이라고도 한다. 우리가 주로 씨앗, 잎을 사용하는 펜넬(회향)의 정확한 이름은 '스위트 펜넬'이다. 씨, 줄기, 잎까지 두루 사용할 수 있는 펜넬은 이탈리아를 중심으로 유럽에서 많이 사용하는 허브이자 채소이다. 플로렌스 펜넬은 줄기의 생김새가 껍질을 벗겨놓은 하얀 양파 같다. 플로렌스 펜넬의 식감은 샐러리와 비슷하고 향은 아니스와 비슷하며 순한 단맛이 난다. 유럽에서 플로렌스 펜넬은 날것 그대로 샐러드에 사용되거나, 혹은 생선 오븐 요리에 자주 사용된다.

▲ 배를 곁들인 생-넥테르 치즈 버거

퓌이의 렌틸콩
lentilles du Puy

아주 오래전부터 '가난한 자들의 캐비아' 혹은 '식물성 캐비아'라고 불리고 있는 이 콩은 1996년 프랑스 정부로부터 콩으로는 유일하게 AOC를 받았다. 'Puy'는 특정 지역 이름이 아닌 프랑스 중남부에 위치한 오베르뉴 지방의 고립되어 있는 언덕(산)을 가리킨다. 콩이 생산되는 퓌이 산 주변에 푄현상이 일어나는데 덕분에 이곳만의 독특한 콩을 만들어내는 환경이 조성될 수 있었다. 고온 건조한 이 지역은 일조량도 많아 물이 턱없이 부족하다. 이러한 열악한 환경에서 살아남기 위해 이곳의 콩들은 필사적으로 제 몸을 변화시켜서 생존해간다. 그래서 퓌이의 렌틸콩은 다른 렌틸콩에 비해 유난히 껍질이 얇고 크기도 작으며 부드러운 질감에 뭉근한 단맛난다.
www.lalentillevertedupuy.com
▲ 현미 야채 버거

홀스래디쉬
서양고추냉이 뿌리. 우리가 흔히 '와사비(영어권 국가에서는 '재패니스 홀스래디쉬'라 부른다)'라고 부르는 녹색 구근과 비슷하게 생겼지만 홀스래디쉬는 흰색이다. 대체로 독일과 프랑스의 알자스 지방에서 많이 사용한다. 홀스래디쉬를 구하기 힘들면 와사비로 대체하되 홀스래디쉬가 훨씬 더 맵다는 점을 감안하여 사용량을 조절하는 것이 좋겠다.
▲ 서양고추냉이 소스와 구운 양파를 곁들인 버거

Hot peppers

에스펠레트산 고추
piment d'Espelette

프랑스에서 고추로는 유일하게 AOC를 받은 고추이다. 프랑스 남서쪽 끝자락, 바스크인들의 오랜 영토인 피레네-아틀란틱 지방의 작은 마을 에스펠레트에서 생산된다. 원산지는 남아메리카로 이곳에서 재배되기 시작한 것은 1650년부터였다. AOC 승인은 2000년에 받았다. 우리나라 고추와 비슷하게 생겼지만 덜 맵다. 단맛이 깔려있는 매콤함이 느껴진다. 프랑스의 유명 셰프들도 매우 선호하는 고추로 그중 미슐랭 쓰리 스타에 빛나는 레 프레 뒤제니(Les Prés d'Eugénie)의 미쉘 제라드(Michel Guérard)는 이 고추의 홍보대사나 다름없을 만큼 이 고추를 선호한다. 처음에는 초콜릿 향을 강화하기 위해 고추를 사용했다가 지금은 머스터드, 푸아그라, 케첩, 심지어 와인에도 넣는다. AOC 인증을 받으면서부터 수요가 폭발적으로 늘어났는데 엄격한 AOC 규제 때문에 공급량이 한정되다보니 값이 좀 비싼 편이다. 2012년 8월 기준으로 이 고춧가루의 kg 당 가격은 48유로이다.

www.pimentdespelette.com
▲ 현미 야채 버거

칠리 파우더

멕시코 요리의 기본 재료 중 하나이다. 고춧가루를 메인으로 오레가노, 마늘, 커민, 정향, 딜(dill), 올스파이스(allspice), 검은 후추 등의 다양한 향신료가 혼합되어 있다. 남미 전역, 스페인에서 많이 사용한다. 국내에서도 구입 가능하다.

▲ 칠리 버거, 바비큐 소스로 맛을 낸 돼지고기 버거, 현미 야채 버거, 칠리 콘 카르네를 곁들인 감자 튀김

카옌페퍼

대부분 가루 형태로 많이 사용하는데 매우 맵다. 국내에서도 구입 가능하다. 카옌은 남미에 있는 프랑스령 기아나의 주요 도시 이름이다.

▲ 칠리 버거, 바비큐 소스로 맛을 낸 돼지고기 버거, 칠리 콘 카르네를 곁들인 감자 튀김

파프리카(가루)

우리나라에서는 녹색 피망 외의 다른 색깔(레드, 옐로, 오렌지)의 피망을 파프리카(미국에서는 생김새가 종을 닮았다고 해서 이들 모두를 가리켜 '벨페퍼'라고 부른다. 앞에 색을 나타내는 형용사를 덧붙여 구분한다)라고 부르지만, 서양에서는 서양고추를 가루로 만든 것을 말한다. 국내 백화점이나 할인점의 향신료 코너에서는 '파프리카'로, 인터넷으로 구입하려면 '파프리카 가루'로 검색해야 한다. 이 파프리카(가루)는 튀니지, 알제리, 모로코와 같은 북아프리카와 헝가리, 스페인에서 많이 사용하는데 특히 헝가리 대표 음식인 굴라쉬를 만들 때 절대 빼놓을 수 없는 재료이다.

▲ 칠리 버거, 칠리 콘 카르네를 곁들인 감자 튀김

스코빌 척도
(Scoville scale)

캡사이신(고추의 매운 맛에 관여하는 물질)의 농도를 스코빌 단위(Scoville Heat Unit, SHU)로 계량화하여 표시한 것을 말한다. 1912년 미국의 화학자 윌버 스코빌(Wilbur Scoville)에 의해 최초로 개발된 이래 고추의 매운 정도를 측정하는 데 사용되고 있다. 개발되었을 당시에는 캡사이신이 검출되지 않은 고추(우리가 파프리카 혹은 피망이라고 부르는 채소)를 0으로 두고 사람들이 측정에 동원되었는데 지금은 최신 장비가 캡사이신 농도를 측정하고 있다. 현재 세계에서 가장 매운 맛으로 기네스북에 오른 고추는 인도 아삼 지방과 방글라데시에서 생산되는 부트 졸로키아(Bhut Jolokia)로 이 고추의 SHU는 1,001,304라고 한다. 너무 매워서 2010년 인도군은 이 고추를 가지고 수류탄까지 제조했을 정도이다. 우리나라 일반 고추의 스코빌 지수는 4,000~7,000SHU, 청양고추의 경우 최고 1만 SHU까지 측정된 적이 있다고 한다.

Sauces & Dressings

구아카몰레
guacamole. 멕시코의 대표적인 소스 중 하나. 아보카도 소스 '구아카'는 아보카도를 뜻하는 '아구아카테(Aguacate)'에서 온 것이며, '몰레'는 멕시코 원주민어로 '소스'를 뜻한다.

느억-맘
베트남의 생선 소스. 'nuoc'은 물, 'mam'은 생선이나 고기를 소금에 절여 발효시킨 것을 뜻한다. 길이 5cm의 작은 생선을 염장하여 독에 넣고 6개월 이상 숙성시켜 만든다.

베어네이즈 소스
프랑스 정통 소스 중 하나. 정제 버터와 계란 노른자를 주재료로 하여 화이트 와인 비네거, 타라곤 등과 같은 각종 허브류를 넣고 만든 부드러운 소스이다. 이 소스는 1837년 감자 수플레를 처음 만든 것으로 유명한 요리사 콜리네의 또 다른 히트작으로 1836년, 파리 중심부에서 북쪽으로 약 20km 떨어진 Germain-en-Laye 마을에 Le Pavillon Henri IV(프랑스어로 pavillon은 '작은 건물'이란 뜻)란 이름의 식당을 오픈하면서 처음 선보였다. 그런데 왜 하필 베어네이즈 소스라 이름 붙였을까. 사실 이 부분에 대해 명확한 설명이 나와 있는 자료를 찾는 데 실패했다. 하여 몇 가지 힌트를 따라 개인적으로 추측해 보자면, 식당이 들어선 건물은 원래 앙리 4세, 루이 13세 등 프랑스 왕들이 머물렀던 성 Château de Saint-Germain-en-Laye의 부속 건물로서 기도실로 사용되었던 곳이라고 한다. 요리사는 식당 이름에서 사용한 앙리 4세와 관련된 무언가를 식당 오픈 기념 음식 이름에 사용하고 싶었던 것이 아닐까. 그래서 그는 앙리 4세가 태어난 곳 베아른(현 프랑스의 남서쪽, 피레네 산맥 발치에 위치하고 있다)에서 힌트를 얻어 소스 이름을 만든 게 아닐까 싶다. 프랑스어로 béarnaise는 '베아른 사람의', '베아른의'이란 뜻이다. 이 소스는 스테이크 혹은 생선요리와 자주 곁들여 나온다.

사테 소스
땅콩 베이스 소스 중 하나. 사테는 원래 매운 소스를 바른 동남아시아의 고기 꼬치구이를 말한다.

치미추리
세계 최고의 쇠고기 생산국이라는 사실에 강한 자부심을 갖고 있는 아르헨티나 사람들이 스테이크를 먹을 때 곁들여 먹는 유일한 소스이다. 기본 재료는 다진 파슬리와 저민 마늘, 와인 비네거, 올리브 오일인데 입맛에 따라 각종 허브를 넣어 맛과 향의 다양화를 꾀한다.

프렌치 드레싱
프랑스에서는 '비네그레트(vinegrette)'라고 부른다. 오일과 비네거에 각종 허브를 넣어 맛의 다양화를 꾀한다. 비네그레트의 전통적인 비율은 1(오일) : 3(비네거)이다. 중요한 것은 이 드레싱을 뿌리는 채소에 물기가 있어서는 안 된다는 것이다. 물기가 있으면 드레싱이 채소에 찰싹 밀착되지 않아 채소는 채소대로 드레싱은 드레싱대로 겉돌게 되기 때문이다.

홀그레인 머스터드
흔히 '씨겨자'라고 말하는 머스터드. 프랑스에서는 옛 방식으로 만든 머스터드라는 뜻의 'moutarde à l'an

cienne' 혹은 '모 머스터드(moutard de Meaux)'라고도 한다. 크리미한 질감의 디종 머스터드보다 맛이 더 순하다.

후무스
houmous. 병아리콩을 기본으로 오일과 비네거를 넣고 만든 중동의 대표적인 양념 중 하나이다.

Meats

슬라이스한 훈제 삼겹살
겉만 살짝 훈연한 삼겹살로 국내에서도 완제품으로 구입 가능하다. 만약 베이컨을 사용할 경우에는 두께가 도톰한 것이 좋겠다.
▲뮝스테르 치즈 버거, 세이지 향이 나는 아이올리 호박 버거, 세 가지 치즈가 들어간 마카로니 그라탱, 시금치 샐러드, 감자 샐러드

부뎅 블랑
부뎅은 우리나라 순대와 비슷하다. 돼지창자 안에 여러 가지 고기(주로 돼지나 송아지 살 중 지방이 많은 부위) 간 것과 우유, 계란, 밀가루, 각종 야채와 허브를 넣어 만든 것으로 일반적인 길이는 약 12~15cm이다. 부뎅은 크게 두 종류가 있는데 반죽에 피를 섞어 만든 부뎅 누아르와 돼지고기(닭, 때때로 생선도 사용), 우유, 크림, 계란으로 만든 부뎅 블랑이 있다. 프랑스어로 '누아르'는 '검은', '블랑'은 '흰'이라는 뜻이다. 소박한 음식의 대명사인 일반 부뎅과 달리 리슐리외 식 부뎅(boudin à la Richelieu)은 돈 많은 미식가를 위한 부뎅이다. 이 부뎅에는 송로버섯이 들어갈 뿐 아니라, 송로버섯으로 만든 소스가 함께 나온다. 대단한 미식가로 유명했던 루이 18세는 음식에 관심 없는 귀족을 해임시키는 자리에서 "그 자는 리슐리외 식 부뎅도 모르는 작자"라고 말했을 정도로 리슐리외 식 부뎅은 일반 부뎅과는 급이 다르다. 어떤 부뎅이 되었든 간에 국내에는 수입되지 않는다. 부드러운 질감의 흰 소시지가 그나마 대체할 수 있는 최상의 재료일 듯하다.
▲부뎅 블랑을 넣은 핫도그

Oils & Vinegers

튀김용 기름
해바라기씨유처럼 발연점이 높은 또 다른 기름으로는 포도씨유가 있다. 올리브 오일, 옥수수기름, 콩기름 등은 발연점이 180℃ 이하여서 튀김용으로는 적합하지 않다.

피넛 오일
땅콩기름, 낙화생유라고도 한다. 원래 열매는 꽃의 씨방 부분이 변해 생긴 것이다. 하지만 땅콩은 씨방 자루의 밑이 뻗어나가 땅속을 파고들어 그곳에서 생긴 것이어서 낙화생이란 말이 생겼다. 국내에서는 할인점이나 백화점보다는 중국 식재료상, 땅콩 전문 인터넷 쇼핑몰 등에서 쉽게 구입할 수 있다.

해바라기씨유
해바라기가 북아메리카 대륙에서 유럽으로 전해진 것은 16세기경이었다. 러시아에서 많이 재배하면서 특히 러시아인들이 많이 사용했는데 여전히 러시아는 해바라기씨유의 주요 생산국이다. 유럽으로 건너가기 전 아메리카 대륙의 인디언들도 해바라기씨를 식량과 기름으로서 중요하게 평가했다. 발연점이 250℃를 기록할 정도로 높아 튀김용으로 안성맞춤일뿐더러 발열량이 적어 다이어트를 하는 사람들에게도 사랑받는 기름이다. 산화 안정성이 우수해 튀김, 볶음 요리에 이상적이다.

헤이즐넛 오일
으깬 헤이즐넛을 볶고 어느 정도 식힌 후에 압착하여 얻는 오일이다. 이 오일은 산패 진행이 더뎌 장기 보관이 가능하다. 발연점이 220℃로 높지만 너무 높은 온도에서는 쓴맛이 나기 때문에 볶음 요리나 구이를 할 때 사용하면 좋다. 고소한 너트향이 나며 맑은 노란색을 띤다.

사과주 비네거
국내에서는 '애플 사이다 비네거' 혹은 '애플 비네거'라는 이름으로 판매되고 있다. 우리가 흔히 말하는 사이다(cider, cyder), 프랑스어로 시드르(cidre)는 원래 과일즙을 발효시켜 만든 술, 특히 사과즙을 발효시켜 만든 애플 와인을 가리킨다.

세리 비네거
포트와 함께 세계 2대 주정강화와인으로 꼽히는 세리를 원료로 하여 짧게는 2년, 길게는 수십 년 동안 숙성시켜 만든다. 다른 비네거에 비해 산도는 낮지만 당도가 매우 높아 샐러드용 드레싱을 비롯해 고기를 양념할 때 많이 사용한다.

Dairy products & Cheeses

그리스 요거트

그리스 요거트는 우리나라의 김치, 인도의 렌틸콩(이집트콩), 일본의 낫토, 스페인의 올리브 오일과 함께 2006년 미국의 건강전문잡지 〈헬스(Health)〉가 선정한 세계 5대 건강식품 중 하나이다. 일반 요거트와 달리 신맛이 강하고 매우 걸쭉한 그리스 요거트는 마침 미국에 불어 닥친 그리스 식 식사 열풍에 힘입어 인기가 치솟았다.

시티그룹이 발표한 자료에 따르면 그리스 요거트는 2007년 미국 전체 요거트 시장의 1%에 불과했으나, 2012년에는 미국 내 전체 요거트 시장의 4분의 1을 차지할 정도로 빠른 성장을 보였다고 한다. 최근에는 이 인기의 여파가 프랑스까지 전해져 2012년 프랑스에서의 그리스 요거트 판매량은 2011년 대비 31%나 증가했다.

원래 그리스 요거트는 소젖이 아닌 암양 혹은 염소젖으로 만든다. 양젖으로 만든 정통 그리스 요거트는 단백질 함량이 일반 요거트보다 두 배 이상 높고 유산균 함량 역시 기존 요거트의 10배가 넘는다. 일반적인 요거트에 비해 정통 그리스 요거트는 질감이 뻑뻑하기 때문에 판매하는 대부분의 그리스 요거트는 부드러운 질감을 얻기 위해 소젖에 프레시 크림을 넣어 만든다. 일반 우유와 플레인 요거트만 있으면 집에서 만들어 먹을 수도 있다. 온라인에서는 분말 형태의 그리스 요거트도 구입할 수 있다. 최근 들어 국내에서도 그리스 요거트 판매가 시작되었다.

▲양고기 버거, 현미 야채 버거

헤비 크림 혹은 더블 크림

생크림이란 우유에서 지방분만을 분리한 것을 말한다. 일반적인 생크림의 유지방 함유율은 18% 정도이다. 하지만 유지방 함유율이 40~45%에 달하는 것도 있는데 이런 생크림을 가리켜 헤비 크림 혹은 더블 크림이라고 한다. 국내에서는 유지방 함유량만 높은 생크림은 찾아보기 힘들다. 휘핑크림이라는 이름으로 판매되는 생크림이 그나마 유지방 함유량이 높은데, 안타까운 점은 식물성 첨가제가 들어있다는 것이다.

▲세 가지 치즈가 들어간 마카로니 그라탱

치즈

바로 짜낸 젖, 즉 박테리아가 활동하고 있는 우유(비살균 우유)로 만든 내추럴 치즈는 맛과 향의 깊이와 다양함에 있어 살균 처리한 우유로 만든 치즈와 큰 차이를 보인다. 훨씬 풍성하고 복합적이다.

안타깝게도 국내에 수입이 가능한 치즈는 위생상의 문제로 살균 처리한 우유로 만든 것만이 가능해 국내에서 진정한 치즈의 맛과 향을 맛보기란 쉽지 않다. 수입이 아예 되지 않는 치즈의 경우 수입된 치즈 중 원래 사용한 치즈와 가장 근접한 치즈(원산지, 재료, 제조법 등을 우선 고려)라고 판단되는 치즈를 적어 두었다.

| 소젖 치즈 |

그뤼에르 & 그뤼에르 달파쥐
Gruyère, AOC & Gruyère d'Alpage

- 주요 생산지 : 스위스 프리부르그(Fribourg) 지방
- '그뤼에르'라는 단어가 문헌에 처음 등장한 것은 12세기로, 어느 수도원에서 작성한 문서에 적혀 있었

다고 한다. 그뤼에르는 2001년 스위스 정부로부터 AOC(스위스 정부는 1997년부터 이 제도를 시행하고 있다)를 받은 치즈다. 치즈의 이름은 프리부르그 지방의 그뤼에르 마을 이름에서 유래했다. 그뤼에르 달파쥐는 오직 프리부르그(전체 그뤼에르 생산량의 4분의 3이 이곳에서 생산된다), 보(Vaud), 뇌샤텔(Neuchatel), 쥐라(Jura) 지방 내 약 50여 개 농장에서 생산되며, 일정 고도 이상의 목초지에서 소의 방목 가능한 기간 동안에 생산된 치즈에만 그뤼에르 달파쥐란 이름을 붙일 수 있다. 알파쥐(alpage)란 프랑스어로 '방목 기간'을 뜻한다.
www.gruyere-alpage.ch

■ Taste : 비슷하게 생긴 에멘탈과 비교하자면 그뤼에르의 향이 좀 더 풍성하고 복합적이다. 무엇보다 너트향, 짠 맛이 그뤼에르가 좀 더 강하다. 그라탱, 퐁듀 등을 만들 때 많이 사용한다. 그뤼에르 달파쥐는 수입되지 않지만 그뤼에르는 쉽게 구할 수 있다.
▲세 가지 치즈가 들어간 마카로니 그라탱, 스프링 버거(이상 그뤼에르), 버거 캄파뉴, 데리야키 버거(이상 그뤼에르 달파쥐)

르블로숑
Reblochon, AOC

■ 주요 생산지 : 프랑스 사부아 지방
■ 13세기 우유 생산량에 따라 세금을 내야 했던 사부아 지방의 농부들은 세금을 덜 내기 위해 우유를 다 짜지 않고 남겨두었다. 그리고 날이 어두워지면 남은 젖을 짜서 몰래 치즈를 만들었는데 그 맛이 유난히 좋았다고 한다. 르블로쉐(reblocher)는 사보이어로 '두 번째 짜다'라는 뜻을 갖고 있는데 '르블로숑'이란 이름도 바로 여기에서 유래한 것이다. 이 치즈가 널리 알려지기 시작한 것은 프랑스에 철도가 개통된 1870년대부터였다. 여행객들은 기차를 타고 알프스로 몰려들었고, 이때부터 치즈에 대한 명성도 빠르게 퍼져나갔다. 치즈는 곧 기차에 실려 파리에 입성하게 되었다.
www.reblochon.fr

■ Taste : 탈지 과정을 거치지 않은 우유로 만들어 유지방이 꽤 높은 치즈이다. 덕분에 여운이 긴데 그 중 페르미에(fermier 푸름 당베르 참조)에서 만든 것이 특히 빼어나다. 어느 계절에 생산되었느냐에 따라 맛의 편차가 있다. 여름과 가을에 생산된 르블로숑의 맛이 가장 훌륭한데, 목초가 왕성하게 자라는 시기인 여름과 가을에 짜낸 소젖의 품질이 다른 때보다 우수하기 때문이다. 두 번째 짜낸 진한 우유로 만든 덕에 우유 풍미가 강하고 견과류, 특히 호두 맛이 특징적이다. 역시 국내에는 수입되지 않는다. 국내에 수입되어 있는 치즈 중 알프스 지방에서 소젖으로 만든 치즈를 기준으로 보자면 그뤼에르, 에멘탈이 있고 소젖으로 만든 부드러운 질감의 치즈를 기준으로 보자면 브리나 카망베르가 있다.
▲타르티플레트 버거

모차렐라 & 모차렐라 디 부팔라
Mozzarella & Mozzarella di Bufala

■ 주요 생산지 : 이탈리아
■ '모차레(mozzare)'는 이탈리아어로 '잘라내다'라는 뜻으로, 치즈를 끊어내며 만들어 이런 이름이 붙었다. 모차렐라는 원래 나폴리 근처에서 살균하지 않은 물소의 젖으로 만들었다. 이 치즈가 세계적인 명성을 얻게 된 것은 19세기 마르게리타 피자에 사용되면서부터였다. 마르게리타 피자의 히트로 모차렐라의 수요도 덩달아 급증하다. 이때 등장한 것이 소젖으로 만든 모차렐라다. 오늘날 모차렐라는 소젖으로 만든 것을 가리키고, 물소 젖으로 만든 모차렐라는 모차렐라 디 부팔라(Mozzarella di Bufala 우리에게는 영어식 이름인 '버펄로 모차렐라'로 더 익숙하다)라는 이름으로 구분한다.

모차렐라의 종류는 크게 두 가지다. 이탈리아 식당의 단골 메뉴 중 하나인 토마토 모차렐라 샐러드에 사용되는 프레시한 타입의 모차렐라와 우리가 흔히 피자 치즈라고 부르는 레귤러 모차렐라가 바로 그것이다.

현재 이탈리아를 비롯하여 세계 여러 나라에서 버펄로 모차렐라를 생산하고 있을 만큼 이 치즈의 인기 또한 대단하다. 이탈리아 정부는 1993년 모차렐라 디 부팔라 캄파냐(Mozzarella di Bufala Campagna)에 DOC를 부여했다. 이 치즈는 이탈리아의 오직 일곱 마을에서 100% 물소의 젖만을 가지고 수세기에 걸쳐 내려오는 제조법으로 만들어진다. 초록색과 빨간색이 들어간 로고 덕에 멀리서도 한눈에 모차렐라 디 부팔라 캄파냐를 알아볼 수 있다.

www.mozzarelladibufala.org/index.htm
- **Taste** : 숙성을 거치지 않은 치즈여서 맛과 향이 순하다. 워낙 유명한 치즈이고 국내에서도 이미 오래전부터 광범위하게 사용되고 있는 치즈라 별도의 설명은 필요 없을 듯하다.

▲토마토 페스토 소스로 맛을 낸 버펄로 모차렐라 버거 (이상 프레시 모차렐라 디 부팔라), 미트볼 샌드위치, 레바논 버거(이상 모차렐라)

묑스테르 Munster / 묑스테르-제로메 Munster-Gérôme, AOC

- **주요 생산지** : 프랑스 알자스/로렌/프랑쉬 콩테 지방
- 묑스테르 마을에서 만들어져 그러한 이름을 얻었다는 설과(치즈가 마을보다 먼저 생겼다며) 라틴어로 '수도원'이란 뜻의 'Monasterio' 혹은 'Monasterium'라는 단어가 변형되어 지금의 이름을 얻었다는 설도 있다. 보주 산맥을 기준으로 우측에 있는 알자스에서는 묑스테르, 좌측의 로렌 지방에서는 여전히 제로메라 불린다. 1978년, 프랑스 원산지 통제 관리 기구인 INAO는 로렌 지방에서 제로메라고 불리는 치즈까지 포함시켜 AOC를 부여했다.

www.maisondufromage-munster.com

- **Taste** : 이름에 관한 유래는 확실하지 않아도 이 치즈의 냄새가 몹시 고약하다는 점만은 확실하다. 어느 역사학자는 이 치즈의 냄새가 날아가던 파리도 기절시킬 만큼 지독하다고 묘사했을 정도다.
종종 프랑스인들에게 가장 고약한 냄새를 풍기는 치즈를 물었을 때 부동의 1위인 에르베(herve) 다음으로 종종 언급되는 치즈가 묑스테르다. 브리, 카망베르와 만드는 방법이 크게 다르지 않지만 숙성하는 동안 외피를 소금물로 닦아준다는 점, 숙성에 관여하는 것이 곰팡이가 아닌 박테리아라는 점이 다르다. 이 치즈의 고약한 냄새며 외피가 주황색을 띠는 이유도 모두 이 박테리아 때문이다. 독한 냄새가 나는 외피를 제거하고 나면 페이스트는 놀랍도록 부드럽다. 이 치즈의 원료인 보쥬산 소젖은 특히 단백질 함량이 높기로 유명하다. AOC에서 규정해놓은 최소 숙성기간은 3주지만 보통 2~3개월의 숙성기간을 거친다. 혀에 대자마자 진한 우유 풍미, 짠맛이 느껴진다. 프랑스 사람들은 치즈 자체에서 이디 커민 향이 난다고 하여 커민과 함께 먹거나 삶은 감자와 자주 먹는다. 알자스 사람들은 이 지방의 대표 음식인 슈크르트(choucroute)를 먹을 때 자주 곁들인다. 국내에서 구입 가능하다.

▲묑스테르 치즈 버거

브리 드 모
Brie de Meaux, AOC

- **생산지** : 프랑스 브리(파리에서 북동쪽으로 약 5km 떨어져 있다) 지역 모 마을
- 나폴레옹으로 인해 어지러워진 유럽의 질서를 바로잡고자 비엔나에서 회의가 개최되었다. 회의 기간 중 열린 어느 디너에서 예정에 없던 각국의 치즈 품평회 자리가 마련되었다. 프랑스 대표로는 미식가로도 유명했던 탈레랑(Charles-Maurice de Talleyrand-Périgord)이 참석했는데 그가 자국의 많은 치즈 중에서 선택해 품평회 자리에 내보낸 치즈가 바로 브리 드 모였다. 그날 이 치즈가 가장 좋은 평판을 얻게 되면서 그때부터 브리 드 모에는 '치즈의 왕'이란 타이틀이 붙었다.

- **Taste** : 숙성도에 따라 다르지만 공통적으로 약한 신맛이 난다. 외피에 하얗게 묻어 있는 흰곰팡이가 이 치즈의 맛과 향, 질감 등에 관여한다. 껍질은 부드럽고 치즈 페이스트(속살)는 크림 같다. 버섯, 마늘, 암모니아 냄새가 난다. 브리 드 모는 국내에 수입되지 않지만 프랑스를 비롯한 여러 나라에서 만든 브리가 수입되고 있다. 그래도 이왕이면 그중 프랑스산 브리가 그나마 브리 드 모와 가장 비슷하지 않을까 싶다.

▲석류 소스를 곁들인 브리 드 모 버거, 검은 송로버섯 미니 버거

생-넥테르
Saint-Nectaire, AOC

- **주요 생산지** : 프랑스 오베르뉴 지방
- 루이 14세가 특히 좋아했다고 알려진 치즈이다. 아주 오래전부터 오베르뉴 지방은 목축에 일가견이 있는 곳이었다. 이곳의 화산형 토양에서 자라는 목초를 먹고 자란 소로부터 얻은 젖의 품질은 남달랐다. 이곳 치즈의 풍미가 우수한 것은 지극히 자연스러운 결과였다. 오베르뉴의 깊은 산속에서 만들어진

카망베르 & 브리

카망베르의 전설에 따라 이 둘의 관계를 추측해보자면 카망베르는 브리의 노르망디 버전이 아닐까 한다. 카망베르 치즈를 소개해 놓은 거의 모든 자료에는 카망베르를 처음으로 만든 마리-아렐에 관한 이야기가 나오는데 잠깐 소개해 보자면 이렇다. 프랑스 혁명 당시 어느 수도사가 박해를 피해 카망베르 마을로 도망을 왔다. 이때 마리-아렐이 수도사를 숨겨 주었고, 수도사는 보답으로 오랫동안 수도원의 수도사들 사이에서만 전해져오는 치즈 만드는 법을 가르쳐 주었다는 것이다. 그런데 수도사가 머물렀던 수도원은 브리 마을에 있었기 때문에 그가 가르쳐주었다는 것이 다름 아닌 브리 만드는 법이었을 거란 추측이 가능한 것이다. 사용하는 재료(소젖), 흰곰팡이(Penicillium Candinum), 만드는 방법 등 여러 면에서 카망베르는 놀라울 정도로 브리와 비슷한 점이 많다. 크게 다른 점이라면 전자가 노르망디에서 생산되고 브리가 일-드-프랑스 지방(우리나라의 경기도처럼 수도인 파리를 에워싸고 있다)에서 생산된다는 점이다. 둘 다 치즈 초보자도 쉽게 먹을 수 있을 만큼 부드러운 맛의 치즈지만 카망베르가 브리보다 전반적으로 맛과 향이 강하다. 은은한 단맛은 브리 쪽에서 더 느낄 수 있다.

치즈를 저 먼 곳에 있는 시장까지 무사히 가져가기 위해서는 무엇보다 보존성이 관건이었다. 오베르뉴 지방산 치즈가 두 번의 압착 과정을 거쳤던 것은 바로 이 때문이었다. 생-넥테르도 예외가 아니었다. www.fromages-aop-auvergne.com/AOP-Saint-Nectaire를 보면 생-넥테르가 만들어지는 주변 환경을 확인할 수 있다. 프랑스어로만 서비스되고 있어 아쉽지만 사진이 많아 둘러볼 만하다.
www.fromage-aoc-st-nectaire.com

■ Taste : 오래되고 눅눅한 지하 셀러를 즉각 떠올리게 하는 냄새는 이 치즈의 가장 큰 특징이다. 진정한 맛은 최소 5~8주의 숙성을 거친 후에야 느낄 수 있다. 페이스트는 부드럽고 약간 자극적인 신맛이 난다. 이 미묘한 맛은 앞서 언급한 목초로부터 기인하는 바가 크다. 생-넥테르는 국내에 수입 되지 않는다. 생산지는 다르지만 소젖을 재료로, 숙성기간 동안 껍질을 계속해서 닦아주는 과정을 거친 또 다른 세척 치즈로는 묑스테르가 있다.

▲배를 곁들인 생-넥테르 치즈 버거

생-모레 Saint-Môret

■ '타바스코', '필라델피아'처럼 '생-모레'도 등록상표다. 프랑스의 봉그랭(Bongrain) 사가 만든 빵에 발라먹을 수 있는 형태의 치즈로 1980년에 처음 출시되었다. 2010년에 생-모레는 프랑스 내 스프레드 치즈 시장 점유율 45%를 기록했다. 크림치즈의 대명사 필라델피아가 본격적으로 프랑스에서 판매를 시작한 것은 2010년 10월부터로 생-모레를 의식해서인지 판매가를 생-모레보다 조금 낮게 하여 프랑스 시장의 문을 두드렸다.
www.quiveutdufromage.com/marques/st-moret.htm

■ Taste : 신선한 우유향이 나며 요거트의 신맛과도 같은 끝맛을 갖고 있다. 국내에서는 '세인트 모레'라는 이름으로 판매되고 있다.

▲멕시칸 버거

레바논 치즈-샨클리쉬 Shanklish

■ 주요 생산지 : 시리아와 레바논 북부
■ 중동의 대표적인 치즈 중 하나로 영어권에서는 '수르케(surke)'라 부른다. 소젖, 염소젖, 양젖 등 어느 우유로든 만들 수 있지만 대부분 소젖을 이용한다. 공처럼 생겼으며 겉에는 중동의 허브 믹스라고 할 수 있는 자타르(za'tar 주로 오레가노, 바질, 타임, 소금이 들어간다)를 묻힌 후 숙성, 건조시키기 때문에 딱딱하다. 크기는 골프공보다 작은 것부터 테니스공만한 것까지 있다.

■ Taste : 프랑스의 경우 아예 중동 지역의 유제품을 전문적으로 만들어 파는 회사가 있어 쉽게 이 치즈를 구할 수 있으나 국내에서는 꿈도 못 꿀 일이다. 신선한 상태에서는 부드러운 신맛이 나지만 건조 기간이 오래될수록 짠맛도 도드라진다.

▲레바논 버거

체다 Cheddar

■ 주요 생산지 : 영국 서머싯 지방의 체다 마을이 오리지널 체다의 태생지이다. 일반 체다는 치즈를 만드는 거의 모든 나라에서 생산한다. 영국은 체다의 종주국답게 영국 전체 치즈 생산량의 반 이상을 체다가 차지하고 있다.

■ 1170년, 헨리 2세가 체다 4,644kg을 10.67파운드에 사들였다는 기록이 역사에 처음 등장한 체다 관련 내용이다. 국내뿐 아니라 세계 어디를 가나 가장 흔하게 볼 수 있는 치즈가 바로 이 체다다. 가공 치즈의 원료로 가장 많이 사용하는 치즈이기도 하다. 많고 많은 체다 중 유럽연합으로부터 원산지 보호 명칭(AOP)을 받은 체다는 웨스트 컨트리 팜하우스 체다(West Country Farmhouse Cheddar) 단 하나뿐으로, 이 치즈는 서머싯, 데번, 도싯, 콘월 지방에서 난 소젖을 재료로 옛 방식('체다링'이라는 독특한 방법이 동원된다)에 의해 만들어진다. 이 체다는 유명한 치즈 전문점이 아니면 보기 힘들 만큼 생산량이 많지 않다. 전통 체다는 지름 35~38cm, 높이 35cm의 원통형으로 개당 무게가 20~25kg이나 된다. 반면 영국을 비롯하여 전 세계에서 대량으로 생산되고 있는 모방 체다는 대개 직육면체에 오렌지색을 띤다. 숙성기간이 길수록 맛과 향이 강해지기 때문에 숙성기간은 체다를 고르는 첫 번째 기준이다. 15개월 이상의 숙성 기간을 거친 체다는 특별히 extra-mature Cheddar 혹은 strong Cheddar라고 부른다.
www.farmhousecheesemakers.com

■ **Taste** : 잘 숙성된 체다는 입안에 넣었을 때 부드럽고 깊은 우유 풍미와 함께 견과류 맛이 난다. 오리지널 체다는 톡 쏘는 짠맛과 독특한 단맛이 특징적이다. 열에 잘 녹기 때문에 그라탱이나 오믈렛, 피자 등 여러 요리에 두루두루 사용하기에 좋다. 육류나 야채 어느 것에나 잘 어울리지만 단, 해산물과의 궁합은 좋지 않다. 국내에서 체다를 구하는 일은 어렵지 않다. 다만 가공 체다는 피하고 영국산 체다를 고르되 요리 아이템에 따라 숙성 정도에 따른 체다 사용이 다르니 이 점은 필히 확인하고 고르는 것이 좋겠다.

▲클래식 버거, 양파링 바비큐 소스 버거, 캘리포니아 버거, 멕시칸 버거, 서양고추냉이 소스와 구운 양파를 곁들인 버거, 칠리 버거, 잉글리쉬 체다 버거, 칠리 콘 카르네를 곁들인 감자 튀김, 세 가지 치즈가 들어간 마카로니 그라탱

콩테
Comte, AOC

■ 주요 생산지 : 프랑스 프랑쉬-콩테/쥐라 지방
■ 브리와 함께 천년의 역사를 자랑하는 치즈이다. 예전에는 그뤼에르 드 콩테라고 불린 적도 있었다. AOC 인증을 받은 치즈 중 가장 많이 생산(연간 4만 톤)되며 프랑스인들이 가장 좋아하는 치즈 중 하나이기도 하다.

지하 숙성실에서 대략 4~5개월 숙성시키는데 소금물로 씻어주는 작업(이 작업을 거치는 치즈를 가리켜 '세척 치즈'라 한다. 이렇게 표면을 씻어주면 표면이 젖어서 박테리아의 번식을 돕는다. 박테리아는 숙성을 도울 뿐 아니라 치즈에 독특한 맛과 향을 부여한다)이 이때 이루어진다. 대부분의 세척 치즈가 표면에 더 많은 박테리아를 활동시키기 위해 크게 성형하는 것처럼 콩테도 예외가 아니다. 콩테는 개당 높이가 9~13cm, 지름 40~70cm, 무게는 35~45kg에 이를 만큼 거대하다. 콩테는 시장 출하 전 다섯 가지 기준에 의한 평가 과정을 거친다. 점수가 최소 12점이 되어야 콩테라는 이름을 사용할 수 있다. 다섯 가지 평가 항목 중 가장 배점이 높은 항목은 '맛'으로, 전체 20점 만점에 9점이나 차지한다. 이 항목에서 최소 3점 이상은 받아야 한다. 페이스트에 생긴 구멍(일명 cheese eye)도 심사의 중요한 기준이 된다. 절단한 표면에 약 10~20개의 구멍이 고루 퍼져있어야 함은 물론 체리 정도의 크기여야 하고 둥근 형태가 말끔해야 한다. 15~20점을 받은 콩테는 녹색의 라벨이, 12~15점을 받으면 벽돌색의 라벨이 부착된다. 심사에 합격하지 못하면 콩테라는 이름으로는 판매가 불가능하다.
www.comte.com

■ **Taste** : 잘 만들어진 콩테에서는 호두, 말린 과일, 살구, 풍부한 우유의 맛과 향이 진하게 배어나온다. 샐러드, 프랑스의 따뜻한 샌드위치 중 하나인 크로크 무슈, 알프스 지방의 대표적인 음식인 퐁듀를 만들 때 많이 사용한다. 콩테 역시 수입되지 않는다. 대체 치즈로 그뤼에르를 가장 먼저 추천한다.

▲세 가지 치즈가 들어간 마카로니 그라탱

파르미지아노-레지아노 & 파르메산
Parmigiano-Reggiano, DOC & Parmesan

■ 파르미지아노-레지아노는 이탈리아의 어느 주방에 들어가도 볼 수 있다고 하여 이 나라 사람들 사이에서는 '주방의 남편'으로 불리는 치즈다. 100여 년 전 침몰한 타이타닉 호에도 30개의 파르미지아노-레지아노가 실렸을 만큼 이 치즈의 명성은 예나 지금이나 변함이 없다. 유사하게 만들어 너 나 할 것 없이 이 이름을 사용하자 결국 1955년 이탈리아는 정부는 에밀리아-로마냐 지방의 파르마(Parma), 레지오-에밀리아(Reggio-Emilia), 모데나(Modena) 마을 그리고 특별히 볼로냐(Bologna)와 만토바(Mantova)에서 특별한 제조 방식으로 만들어진 치즈에만 파르미지아노-레지아노(Parmigiano-Reggiano)라는 이름을 사용할 수 있다는 법령을 발표했다.

이 이름을 사용하기 위해서는 생산기간도 엄격하게 준수해야 한다. 매년 4월 1일부터 11월 11일까지만 생산해야 하며 최소 다음해 여름까지는 숙성을 시켜야 한다. 최소 1년 이상 숙성 시간이 필요하기 때문에 이 이탈리아에서는 이 치즈를 담보로 맡기고 은행에서 돈을 빌릴 수도 있다. 그래서 이탈리아에는 이 치즈의 숙성실을 갖추고 있는 은행도 있다고 한다.

숙성기간에 따라 별도의 명칭이 있는데 프레스코(fresco)는 18개월 이하, 베키오(vecchio)는 18~24개월, 스트라베키오(stravecchio)는 24~36개월 동

안의 숙성기간을 거쳤음을 의미한다. 치즈의 높은 품질을 위해 원료를 제공하는 소는 방목되며 저장된 사료를 먹이지 않는다.

이 치즈의 특이한 점은 탈지 우유를 일부 사용한다는 점이다. 전날 저녁에 짠 우유를 아침까지 그대로 두면 발효가 시작되는데 그 우유에서 크림을 제거하고 거기에 아침에 짠 우유를 넣은 것을 가지고 치즈를 만든다.

1kg의 파르미지아노-레지아노가 만들어지기 위해서는 16ℓ의 젖이 필요하다고 하니 개당 무게가 24~44kg에 달하는 이 대형 치즈 한 덩어리를 만들기 위해서는 최소 384~704ℓ의 젖이 필요한 셈이다. '파르메산'이 마치 파르미지아노-레지아노의 영어식 표기인 줄 착각하는 사람이 많지만 이것은 유럽 외 다른 대륙에서 파르미지아노-레지아노를 본떠 만든 치즈에 지나지 않는다. 전통적으로 이탈리아에도 파르미지아노-레지아노를 모방하여 만든 치즈가 있는데 이탈리아에서는 이 치즈를 그라나(Grana)라고 부른다.

최근에도 이 이름 사용을 두고 법정 다툼이 벌어졌다. 2003년 독일이 '파르메산' 치즈는 이탈리아만의 치즈가 아니라 흔히 음식 위에 뿌려 먹는 단단하고 부서지기 쉬운 치즈를 가리키는 것이라며 소송을 제기한 것이다. 2008년 2월말, EU법원은 이탈리아 파르마(Parma)에서 약 800년 전부터 독특한 방식으로 생산되고 있는 치즈만을 '파르메산'이라고 명명할 수 있다는 판결을 내리며 이탈리아의 손을 들어주었다. EU법원의 이 같은 판결로 유럽에서는 더 이상 파르마 지역에서 생산되지 않는 치즈가 아니면 파르메산이라는 이름을 사용할 수 없게 되었다. 하지만 유럽이 아닌 다른 대륙에서는 여전히 이 이름을 사용하는 데 제약이 없다.

www.parmigianoreggiano.com

■ Taste : 첫맛은 견과류 계열의 고소한 맛이 나지만 짜릿한 과일향의 여운을 느낄 수 있다. 향은 온화하다. 파스타나 샐러드, 리소토, 피자 위에 얇게 갈아서 먹기도 하고, 가루처럼 부셔서 뿌려 먹기도 하는 등 이탈리아 음식에서 파르미지아노-레지아노의 활약은 대단하다. 국내에서도 구입 가능하다.

▲세이지 향이 나는 아이올리 호박 버거, 토마토 페스토 소스로 맛을 낸 버펄로 모차렐라 버거, 미트볼 샌드위치.

푸름 당베르
Fourme d'Ambert, AOC

■ 생산지 : 프랑스 오베르뉴 지방 퓌-드-돔(Puy-de-Dôme) 지역 앙베르 마을

■ 'fourme'은 틀, 모양이란 뜻의 라틴어 'forma'에서 유래한 단어이다. 프랑스어로 치즈를 뜻하는 'fromage' 역시 같은 라틴어에서 유래했다. 여전히 오베르뉴 지방에서는 치즈를 가리킬 때 프로마쥬(fromage) 대신 푸름(fourme)을 사용한다.

AOC 규정상 이 치즈의 최소 숙성기간은 28일이지만 대부분의 푸름 당베르는 2개월간의 숙성 기간을 거친다. 프랑스에서는 치즈를 생산하는 방식에 따라 페르미에(Fermier 독립적인 생산자가 일정한 구역에서 자란 동물의 젖을 재료로 목장 혹은 산에 있는 작은 집에서 만드는 방식), 아르티자날(Artisanal 본인이 직접 키운 동물의 젖이나 주변에서 구입한 젖을 가지고 만드는 방식), 아틀리에 혹은 프리티에(Atelier or Frutière 지정된 장소에서 조합원들이 키우는 동물의 젖으로 만드는 방식), 앵더스트리(Industrie 지역과는 상관없이 구입한 젖을 가지고 공장에서 만드는 방식)으로 나뉘는데, 푸름 당베르의 경우 페르미에는 없다.

www.fromage-aop-bleu-auvergne.com

■ Taste : 블루치즈 가운데 맛이 가장 순하다고 소문난 치즈이다. 질감은 부드럽지만 냄새는 여느 세척 치즈가 그러하듯 강하다. 지하 셀러 혹은 썩은 지푸라기가 연상된다. 견과류, 버섯류의 맛이 난다. 스테이크와도 잘 어울리지만 특히 살구 같은 노란색 과일로 만든 잼과의 조화가 훌륭하다. 단맛이 도는 화이트 와인과도 궁합이 좋다. 국내에는 다행히도 '블루 도베르느(Bleu d'Abergne)'가 수입되어 있다. 또는 블루 치즈 계열 중 맛이 강하지 않은 이탈리아산 고르곤졸라(Gorgonzola)도 추천할만하다.

▲푸름 당베르 버거

| 양젖 치즈 |

로크포르
Roquefore, AOC

- 프랑스 미디-피레네/ 랑그독-루시옹 지방
- 1925년 치즈로는 처음으로 프랑스 정부로부터 AOC 인증을 받았다. 영국의 스틸톤(Stilton), 이탈리아의 고르곤졸라와 함께 세계 3대 블루치즈로 통한다. 공식적으로 로크포르가 역사에 처음 등장한 것은 1070년에 작성된 문헌에서였다고 알려져 있다. 그만큼 오랜 역사를 지니고 있는 로크포르는 샤를마뉴 대제가 그 맛에 반해 치즈를 대접한 주교에게 매년 두 박스씩 보내라고 요구했다는 일화가 따라다니는 치즈이기도 하다. 하지만 이에 대해 2009년《Cheese : A Global History by Andrew Dalby》(국내에서는《치즈의 지구사》라는 제목으로 번역 출판되었다)를 출간한 역사학자 앤드류 댈비의 반박이 최근 힘을 얻고 있다. 그는 자신의 저서에서 중세 초기 샤를마뉴 대제의 전기를 쓴 작가 노르케트(Norker the Stammerer)의 글을 보면 샤를마뉴 대제와 관련하여 블루치즈가 언급된 것은 사실이나 자료 어디에도 로크포르라는 이름은 보이지 않는다면서 이는 로크포르 홍보 담당자의 주장일 뿐이라고 일갈했다. 만약 로크포르가 샤를마뉴 대제와 정말 관련이 있다면 로크포르 공식 사이트에도 언급되어 있을 법한데 이와 같은 일화는 보이지 않는다.

비록 샤를마뉴 대제의 로크포르 애호설은 명확하지 않지만 15세기에 카를로스 6세가 처음 이 치즈를 생산한 로크포르 쉬르 술종(Roquefort sur Soulzon) 마을에 생산 독점권을 주었다는 사실만은 확실하다. www.roquefort.fr/decouvrir/le-fromage에 접속하면 로크포르를 생산하는 마을의 풍경 사진이 가장 먼저 눈에 들어온다. 스페인어와 영어로도 서비스되고 있으니 이 치즈에 관심 있는 독자라면 이곳의 주변 환경만은 사진으로라도 꼭 한 번 확인해보았으면 한다. 이 치즈는 특정한 숙성고에서 숙성시켜야만 로크포르라는 이름을 얻을 수 있는데 숙성고로 이용되는 동굴과 그 동굴의 주변 환경을 보면 로크포르 치즈를 이해하는 데 많은 도움이 될 것이다.

여느 블루치즈의 탄생 스토리처럼 로크포르 역시 우연한 발견에서 시작되었다. 다만 다른 블루치즈 탄생설과 차별점이 있다면 그 우연한 발견이 일어난 장소가 동굴이라는 점이다. 이 동굴은 자연균열에 의한 틈새로 인해 연중 평균 온도 9℃, 95%의 습도가 유지되는데, 바로 이것이 로크포르를 만드는 푸른곰팡이 페니실륨 로크포르티(Penicillium roqueforti)에게는 최적의 환경 조건인 것이다. 이 치즈의 인기가 너무 좋은 나머지 너도나도 로크포르라는 이름의 치즈를 만들자 1961년 프랑스 법원은 "반드시 로크포르 쉬르 술종 마을에 위치한 콩발루 산의 퇴적물 구역 내 해발 630~710m, 길이 2.5km 내에 있는 지하 동굴에서 숙성된 치즈여야만 로크포르로 부를 수 있다"라는 판결을 내렸다.

- Taste : '블루치즈의 왕'이라 불릴 만큼 맛이나 냄새가 매우 강하다. 하지만 한번 맛들이면 헤어나오지 못한다고 할 만큼 치즈 마니아들 사이에서는 인기가 매우 높은 치즈이다. 그들은 이 치즈가 실온에서 물렁해졌을 때는 빵에 발라 먹기도 한다.

카사노바는 로크포르와 샹베르탱을 좋은 강장제로 언급했고, 20세기 프랑스 미식계의 왕자로 통했던 퀴르농스키는 최고의 레드 와인 중 하나인 클로 드 부조 혹은 샤토 오브리옹과 로크포르와의 조화를 칭송하기도 했다.

하지만 대부분의 치즈 가이드에서는 로크포르의 가장 좋은 파트너 와인으로 소테른, 반옐스와 같은 단맛 나는 와인을 추천한다. 양젖으로 만든 블루치즈는 국내에서 아직 본 적이 없다. 소젖으로 만든 블루치즈는 다행히 수입되어 있다.

▲무화과 로크포르 치즈 버거

만체고
Manchego, DO

- 주요 생산지 : 스페인 라만차 지방
- 양이 소보다 네 배나 많은 나라 스페인의 대표적인 양젖 치즈다. 고지대(해발고도 680~710m) 라만차 지방의 풀을 먹고 자라는 양(만체가 종)으로부터 얻은 젖으로만 만든다.

스페인의 AOC라고 할 수 있는 DO 인증(DO를 받은 치즈는 만체고를 포함 총 20여 종에 지나지 않는다)을 받았다. 라만차가 소설 돈키호테의 배경이 된 곳이라 그런지 만체가는 '돈키호테 치즈'라는 별칭을 갖고 있다. 콜럼버스가 1492년에 신대륙 탐험을 떠날 때 챙겨 간 치즈라는 사실은 만체고가 내세우는 자랑거리 중 하나이다. 만체고의 옆면에는 타이어 바퀴 자국과 같은 문양이 있는데 예전에 숙성시 치즈를 풀잎으로 감싸 자연스럽게 얻게 된 무늬다. 더 이상 풀잎을 사용하지 않지만 지금 사용하고 있는 플라스틱 틀에 일부러 이 모양을 새겨 기존의 고유 무늬를 유지하고 있다.

www.quesomanchego.es

■ Taste : 미국의 영화배우 기네스 팰트로는 2008년 이탈리아계 미국인 셰프 마리오 바탈리와 함께 스페인 미식 여행을 마치고 쓴 책 《Spain : A Culinary road trip》(국내에서는 《기네스 팰트로의 스페인 스타일》이라는 제목으로 번역 출판되었다)에서 가장 좋아하는 스페인 먹을거리 중 하나로 이 치즈를 꼽기도 했다.

스페인 사람들은 이 짭짤하면서 고소하고, 진한 버터 풍미를 지닌 만체고를 토마토 즙과 올리브 오일을 뿌린 빵 사이에 끼워 먹거나 레드 와인 혹은 만자니야 드라이 셰리와 자주 곁들인다. 국내에서 구입할 수 있다.

▲치미추리 소스 버거

| 염소젖 치즈 |

프티 빌리 Petit Billy

■ 프티 빌리는 프랑스의 트리발라 노이얄(Triballat Noyal) 사가 만들어 1986년에 처음 시장에 선보인 치즈이다. 치즈가 생산되는 곳은 부르타뉴 지방의 노이얄-슈르-빌렌(Noyal-sur-Vilaine) 마을에 있다.

프티 빌리는 자넨(Saanen 세계적으로 높은 품질의 젖을 생산하는 염소로 유명) 품종의 염소를 키우는 낙농가(모두 치즈 생산처로부터 반경 70km 이내에 있다)로부터 공급받은 젖을 재료로 하여 전통 방식에 따라 만든 치즈이다.

빌리는 상트르 지방의 루아르-에-쉐르(Loir-et-Cher) 지역에 있는 마을 이름인데 왜 이 마을 이름을 치즈 이름에 사용했을까 궁금하여 여러 자료를 찾아보았지만 결국 실패했다. 다만 추측해볼 수 있는 유일한 근거는 트리발라 노이얄 사가 예전에 이 빌리 마을에 있던 낙농업체 한곳을 매입한 적이 있었다는 사실이다. 프티 빌리가 출시될 당시 빌리 마을에 있던 그 낙농업체 건물에서 만들진 것이 아니었을까? 이름의 유래는 명확하지 않지만 출시되자마자 빠른 속도로 프랑스인들의 입맛을 사로잡았다는 사실만은 확실하다.

www.petitbilly.com

■ Taste : 리코타(Ricotta 숙성을 거치지 않은 프레시 치즈의 대표주자) 치즈와 비슷한 질감이다. 지방 함유량이 15%에 불과해 입안에서의 느낌이 산뜻하다. 적절한 신맛이 식욕을 돋우고 염소유만의 맛과 향이 잘 표현되었다. 프레시 타입의 프티 빌리(숙성 타입의 프티 빌리는 빨간색 잎으로 싸여있다)는 두 장의 녹색 밤나무 잎으로 감싸여 있어 멀리서도 쉽게 식별된다. 프티 빌리는 수입되지 않지만 프랑스 몇몇 브랜드의 염소젖 치즈는 국내에서 구입이 가능하다.

▲비트로 감싼 쉐브르 버거

염소젖 치즈

소는 마리당 대략 19ℓ의 우유를 생산한다. 반면 염소 한 마리로부터 얻을 수 있는 젖은 3~4ℓ에 지나지 않는다. 더군다나 염소젖은 소젖보다 지방 함량이 적어 같은 양의 치즈를 만들려면 더 많은 젖이 필요하다. 또한 대량으로 기르는 염소가 아닌 방목하는 염소로부터는 사시사철 젖을 얻을 수 있는 것도 아니다. 아기 염소라도 태어날 것 같으면 한동안 젖을 짜지 않는다. 염소는 대개 봄에 출산을 하는데 이때 만들어진 염소 치즈의 품질이 최상이다. 갓 출산한 새끼에게 먹이기 위한 젖은 그 어느 때 짠 젖보다 풍미가 진하고 영양가도 높기 때문이다. 프랑스의 유명한 염소젖 치즈들은 대부분 루아르 강 주변에서 많이 생산된다. 이곳에 한때 아랍인들이 살았던 적이 있었는데 그때 그들로부터 염소젖으로 치즈를 만드는 법이 전해졌다. 염소젖으로 만든 치즈는 피라미드 모양, 피라미드의 뾰족한 부분을 커팅한 모양, 육각기둥, 긴 원통형 등 다양하다. 조직이 연해 부서지기 쉬워 개당 덩어리도 작다.

etc

푸아그라
'foie'는 프랑스어로 '간', 'gras'는 '지방질의'라는 뜻이다. 푸아그라는 그래서 단어 뜻대로만 옮겨 적으면 지방간이 된다.
고대 이집트인들이 수천 km에 달하는 여행을 떠나기 전에 잡아먹은 거위의 간이 유달리 맛있다는 것을 알게 되면서 강제로 거위에게 짧은 시간에 많이 먹였던 것이 푸아그라의 시초이다. 이러한 거위 간을 얻는 방법은 이후 그리스, 로마를 거쳐 프랑스까지 전해졌다. 그러나 무슨 이유에서인지 푸아그라는 천년이 넘는 시간동안 좀처럼 문헌에 언급되지 않았다. 푸아그라가 다시 모습을 드러낸 것은 18세기에 이르러서다. 루이 16세가 푸아그라를 이용해 만든 음식을 맛보고 크게 만족하여 요리를 준비한 요리사에게는 상금을, 요리사의 주인인 알자스의 후작에게는 영지까지 하사하는 일이 벌어진 것이다. 이 일이 있은 후 푸아그라의 명성은 빠른 속도로 퍼져나가게 되었다. 푸아그라를 구입할 때는 특별히 주의할 점이 있다. 푸아그라라고 해서 모두 거위의 간이 아니라는 점이다. 오리의 푸아그라는 거위의 푸아그라보다 가격이 훨씬 저렴한데 그만큼 맛의 차이가 분명히 있다는 것을 알아두어야 한다. 안타깝게도 국내에는 거위든 오리든 간에 생간은 수입되지 않고 병조림 처리된 푸아그라는 구입가능하다.

레드 포트
알코올 도수가 높은 단맛의 주정강화와인이다. 대부분의 포트 와인은 레드 와인을 재료로 만들지만 화이트 와인으로 만든 포트도 소량 생산된다.

타불레
프랑스어로는 'taboulé', 영어로는 'tabbouleh'라고 한다. 레바논의 대표적인 샐러드 중 하나이다. 저자는 으깬 통밀을 물에 불린 후 즉시 샐러드에 사용하라고 했는데, 원래 레바논에서는 반쯤 삶은 밀을 건조시킨 후 빻은 '벌거(bulgur)'라는 것을 사용한다. 벌거 대신 종종 쿠스쿠스를 사용하기도 한다. 쿠스쿠스는 국내에서도 쉽게 구입할 수 있다.

팽 드 캄파뉴
pain de campagne 영어로는 'french sour dough'라고 할 만큼 신맛이 특징적이다. 전통적으로 이 빵은 밀가루, 통밀가루, 호밀가루를 주재료로 하여 천연효모와 약간의 소금, 물만으로 만드는데 대량 생산이 이루어지면서부터는 천연효모 대신 이스트를 사용하기도 한다. 저장성이 좋아 일반 바게트에 비해 오래 두고 먹을 수 있다. 같은 캄파뉴라는 단어가 들어가도 불 드 캄파뉴(boule de campagne)는 그 모양이 둥글고 팽 드 캄파뉴는 바게트처럼 길다. 불 드 캄파뉴가 원래 팽 드 캄파뉴의 원조다. 수세기 전 프랑스에는 동네마다 마을 공동의 빵굼터가 있었다. 하지만 매일매일 구울 수 있는 게 아니어서 다음 빵 굽는 날짜까지 기다리려면 빵의 보존성도 좋아야 했고, 크기 역시 어느 정도 커야 했던 것이다.

칠리 콘 카르네
간단히 '칠리'라고 부르는 매콤한 음식이다. 칠리 고추와 다진 고기(대부분 쇠고기), 토마토, 콩을 기본 재료로 하여 계절에 따라 마늘, 양파, 커민 등을 넣어 만들기도 한다. 원래는 멕시코의 대표적인 서민 음식 중 하나였는데 지금은 세계적인 인기 메뉴가 되었다. 곁들이는 음식에 따라 훌륭한 술안주가 되기도 하고, 한 끼 음식으로도 충분하다.

감사의 글

모든 분야에 아낌없는 조언을 해준 우리 엄마 키안느 크완 여사님.

르 까미용 끼 퓸의 모든 스태프들, 특히 오픈 초기부터 지금까지 애써주고 있는 잭 굿맨, 티보 푸르카드 그리고 막스 미생훈 고맙습니다. 덕분에 이만큼 올 수 있었습니다. 파블로 자코브의 열정과 헌신, 잊지 않겠습니다.

에콜 페란디에서의 학업 기간 동안 많은 도움을 준 쉘비 알버트, 고마워요.

페이스북과 트위터 친구들 그리고 오랜 줄 서기도 마다하지 않고 우리 르 까미용 끼 퓸을 찾아준 모든 고객 여러분, 감사합니다.

매일 아침 신선한 빵을 공급해주느라 수고하는 라쉘과 라쉘스 케이크(Rachel's Cake) 직원 여러분 고마워요. 특히 이 책을 준비할 때마저 많은 도움을 준 라쉘의 수고와 그 마음 잊지 않겠습니다.

늘 유머를 잃지 않고 항상 미소로 맞이해 주는 라 페르메트(La Fermette 파리 11구에 위치하고 있는 치즈 가게) 직원들······.

이 책의 아름다운 사진을 위해 애써준 다비드 보니에와 스튜디오 B의 모든 스태프, 그리고 많은 이해와 인내심을 보여준 타나 출판사 관계자들에게도 깊은 감사의 마음을 전합니다.

마담 린 코헨-소랄, 후원 감사합니다.

오늘의 성공에는 그룹 다둔(group Dadoun 파리 시내 곳곳에 서는 상설 시장의 점포 개설, 운영 및 관리, 재정 등 전반에 서비스를 제공하는 회사)의 도움이 컸습니다. 시장과 거리의 이웃 상인들, 감사합니다.

그리고 그 누구보다 프레데릭 페디에르 나의 반려자. 당신의 사랑과 격려는 제 인생 레시피에서 가장 중요한 재료입니다.